図解

定年までに知らないとヤバイお金の話

ファイナンシャルプランナー
岡崎充輝

彩図社

はじめに

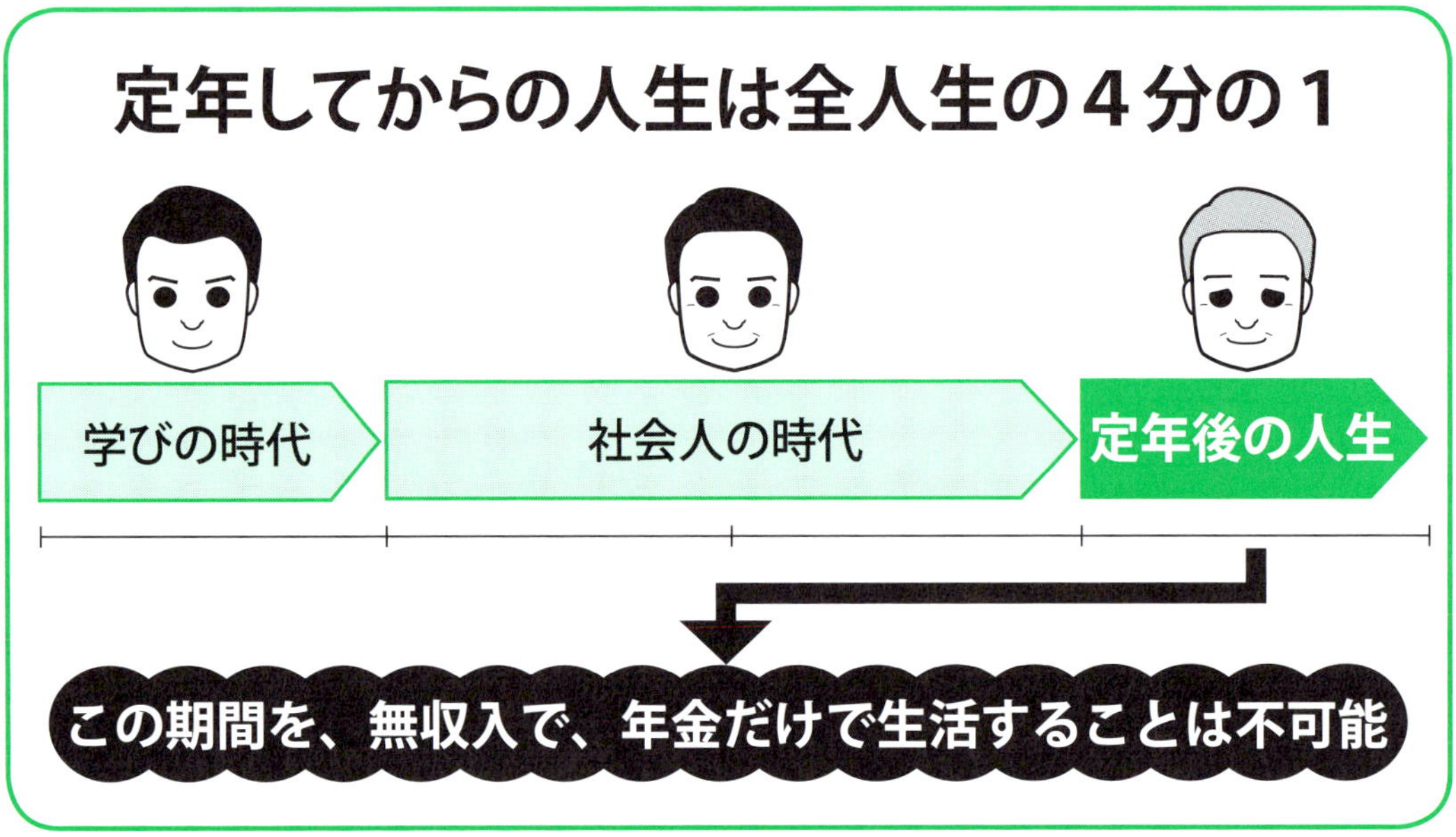

今、60歳で定年を迎えたとすると、残された人生は20年以上あります。

つまり、**定年してからの人生が、全人生の４分の１を占めている**ということです。

この残り４分の１の期間を、無収入で、年金だけで生活することが可能なのでしょうか？

答えは「NO」。もちろん無理です。

「そんなことは分かっているよ」とおっしゃるかもしれません。でも、本当に分かっていらっしゃるでしょうか？

人生最大のテーマである「老後」をどう攻略していけばいいのか、具体的に考えたことはあるでしょうか？

実は、攻略方法は2つしかありません。

1つめは「一生涯働き続けること」ですが、このテーマは壮大で、私のような若造が語れるようなお話ではありません。

ですから、本書では、2つめの**「お金を貯める」**を中心に話を展開していこうと思います。

ですが、「こうやっていれば、お金が簡単に貯ま

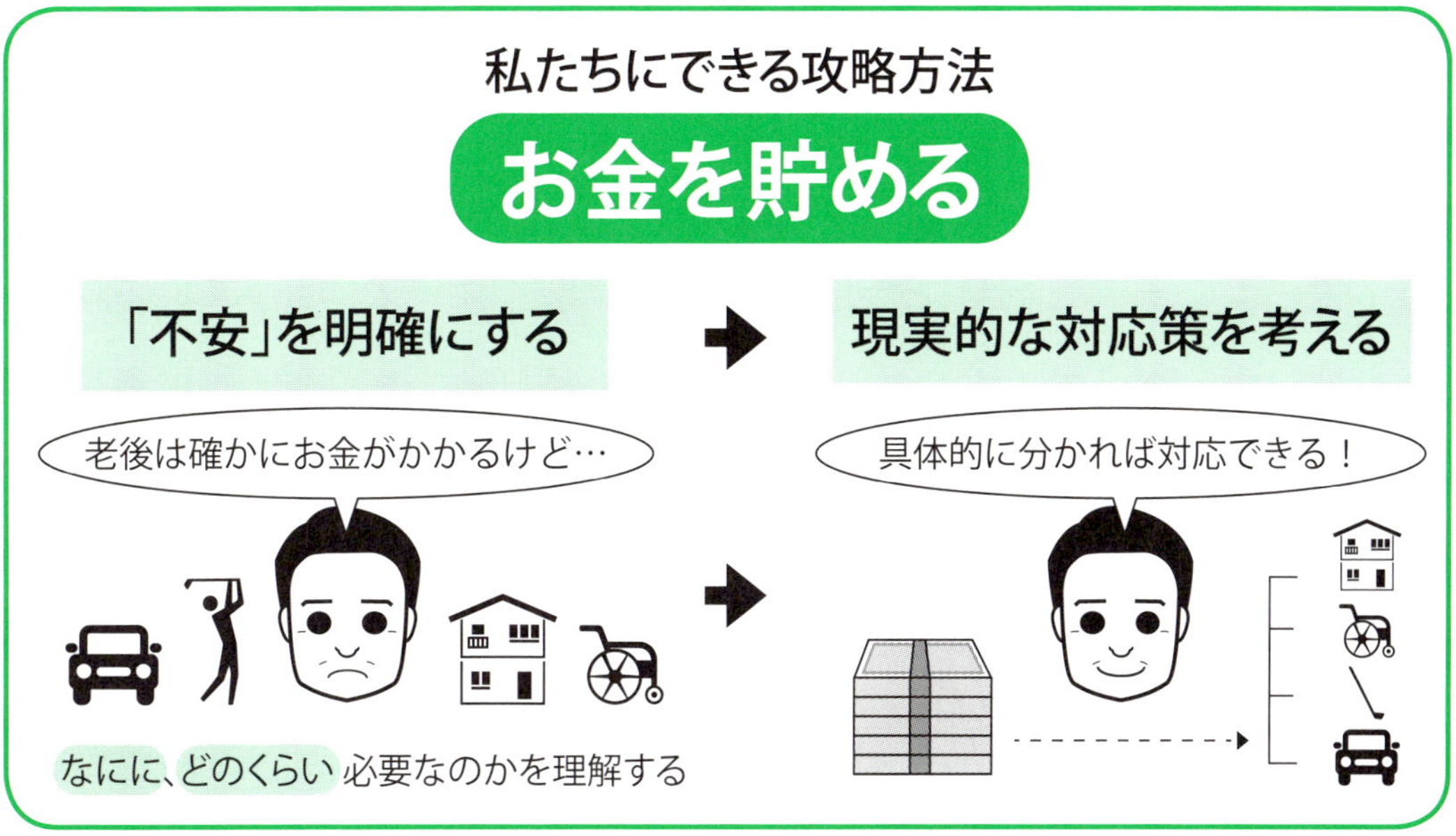
私たちにできる攻略方法
お金を貯める
「不安」を明確にする
現実的な対応策を考える
老後は確かにお金がかかるけど…
具体的に分かれば対応できる！
なにに、どのくらい必要なのかを理解する

ります」などという魔法が書かれているわけではありません。

多くの人は、「老後にはお金がいる」ことは知っています。しかし、**「なにに、どのくらい必要なのか」**を正しく理解している人は、あまり多くありません。

最近は、老後の資金を狙ったさまざまな金融商品や、なかには詐欺商品まがいなものまで販売されています。もちろん、すべてダメな商品だということはありません。しかし、「不安」が先走ったために、失敗するケースをよく見かけます。

この本では、まずは現実を眺めていこうと思います。奇跡や魔法が書かれていない分、地味な内容なのかもしれません。ですが、**「不安」を明確にする**には最適なのかもしれません。

まずは、漠然とした不安から、明確な不安にしていければ、そう考えています。不安が明確になれば、後は**現実的な対応策**を考えればいいのですから。

ファイナンシャルプランナー　岡崎充輝

【図解・定年までに知らないとヤバイお金の話】

もくじ

1章 定年後の人生にかかるお金

★現在との比較で考えると見えてくる
定年後の生活費はどうなる？……8

★単純にかかるお金だけを考えてみる
老後に必要なお金はいくら？……10

★住宅ローンがポイントになる
住まいにかかるお金はいくら？……12

★会社任せの時期は終わる
定年後も税金は払い続ける……14

★退職金は月給とは別会計
退職金にも税金がかかる……16

★自分で支払うからこそ安くできる
年金にも税金がかかる……18

★立場によっていくつかの選択肢がある
定年後の健康保険はどうなる？……20

★親世代のことも気になる
医療と介護にはお金がかかる……22

2章 定年後の収入を把握しよう

★まずは退職金を見てみよう
定年後の大きな収入・退職金……26

★頼りになる定期的にもらえるお金
生活の基盤となる年金の概要……28

★人生設計にかかわることだから確認しておきたい
年金はいつからもらえる？……30

★その人ごとの状況を詳しく教えてくれる
ねんきん定期便でわかること……32

★悠々自適な老後の実現性を検証してみる
年金だけで生活できるか？……34

★摩訶不思議な年金制度
働くと年金が減ることがある……36
★年金制度には救済措置もある
給付金がもらえることがある……38
★年金支給を繰上げてもらうとどうなるか
年金を60歳からもらうと……40
★年金との兼ね合いもあるが…
定年退職で失業保険をもらえる……42

3章 老後のお金をどう準備するか

★やるべきことは3つだけ
定年後の具体的な対策をたてる……46
★定年後への対策その1
定年までの目標貯蓄額を決める……48
★どのようにして目標をクリアするか
目標額がわかったらすること……50
★定年後への対策その2
住宅ローンの繰り上げ返済……52
★定年後への対策その3
無駄な保険を見直す……54
★将来への不安を少なくする方法
貯蓄を3つに振り分ける……56

4章 定年後の保険をどう考えるか

★保険の面から健康への保障を考える
定年後の健康保険の入り方……60

もくじ

★いずれは必ずお世話になる制度
後期高齢者医療制度を知る……62
★定年後の「万が一」のリスク管理
定年後の生命保険は必要か？……64
★大きな病気をしたときの味方
高額療養費をうまく使おう……66
★入るのならどんな保険がいいか
定年後の医療保険の選び方……68
★大事な話だから押さえておきたい
介護保険と私たちの将来……70
★利用にあたって必要な手続き
介護保険はどう利用する？……72
★長く高額になることもある
介護のために必要な自己負担……74

5章 遠い未来ではない相続の話

★他人事ではない
相続争いは意外と多い……78
★相続できるのは現金や不動産だけではない
なにが「遺産」になる？……80
★もしかしたらあなたも該当する？
相続税がかかるかもしれない……82
★家族の間にあったしこりがもめごとを起こす
税金だけが相続の問題ではない……84
★自分の意志を残すための大事な手段
遺言でできること……86

1章 定年後の人生にかかるお金

Money after retirement

定年後の人生にかかるお金

1

★現在との比較で考えると見えてくる 定年後の生活費はどうなる？

生活費を分けてみよう

今まであんまり気にしたことなかったけど…
やってみましょうか
1 食費（外食含む）
2 住居費（地代家賃、修繕費等）
3 水道光熱費
4 家具・家事用品費（雑貨等）
5 被服および履物
6 保健医療費（医療費や薬代等）
7 交通費・通信費（ガソリン代含む）
8 教育費
9 教養娯楽費（スポーツジムや書籍等）
10 その他（おこづかい、冠婚葬祭等）

★「定年後」を今との比較で想像する

「長生きこそが最大のリスクだ」

こんなひどい言葉ありませんよね。

一生懸命額に汗して働いて、子どもを一人前に育てあげて、やっと定年を迎えたら、長生きがダメなことのように言われたなんて、シャレにもなりません。

しかし現実問題、定年後に残された人生は、どうやら**かなりの年数**になるようです。

ですが、このことは意外と理解しづらいものです。そこで、「定年後の人生がどれくらい長いのか」という視点から、「定年後の人生にどれくらいお金がかかるのか？」という視点に切り替えて、皆さんに少し老後の長さを実感していただきましょう。

いったい、老後には「どんなお金が」「いくら」必要なのでしょうか？

そんなことを言われてもイメージしづらいですよね。それでは逆に、**「今の生活費**

★POINT★

★定年後にかかる生活費は今とあまり変わらないと考えておこう。

みんなの家計簿はどうなっている？

勤労者世帯の年齢階層別収支（2015年）

定年前 ← → 定年後

	～29歳	30～39歳	40～49歳	50～59歳	60～69歳	70歳以上
世帯人員（人）	3.23	3.70	3.73	3.27	2.79	2.57
世帯主の年齢（人）	27.2	35.2	44.3	54.4	63.4	72.6
有業人員（人）	1.44	1.49	1.64	1.93	1.91	1.62
非消費支出	62,337	87,003	111,800	119,195	67,970	47,536
可処分所得	344,753	416,975	465,465	471,065	329,470	341,675
消費支出	251,744	273,917	324,218	349,058	311,435	257,168
食料	50,253	64,684	76,585	79,765	77,353	70,191
住居	37,309	24,534	17,192	15,683	20,903	17,100
光熱・水道	16,585	19,670	23,153	25,066	24,107	23,315
家具・家事用品	8,393	10,318	10,866	11,569	11,696	12,358
被服および履物	10,614	13,330	15,105	14,562	10,884	7,369
保健医療	7,793	9,412	10,441	11,602	13,207	12,451
交通・通信	55,172	46,933	51,084	54,123	46,757	28,964
教育	5,009	13,480	27,960	23,738	2,826	197
教育娯楽	18,630	28,327	34,625	30,097	28,730	22,419
その他の消費支出	41,986	43,228	57,207	82,852	74,971	62,805

大きく減ったのは3項目だけ

今と
あんまり
変わらないな
なんとなく
今の7割くらいに
なると思って
たのに…

定年後の生活費は今とあまり変わらない

と比べてどのくらい変わるのか?」というところから考えてみましょう。

現在と定年後の生活費の変化を考えるにあたって、肝心な今の生活費が分からないようではいけません。

では、今の生活費を右上のように10の区分で分けてみてください。今まで家計簿をつけてこなかった人にはちょっと難しい話ですね。しかし、この機会にぜひ一度、ここ数ヶ月の支出を洗い出してみてください。

★定年後も生活費の額はあまり変わらない

上の表は、総務省の「家計調査年報」に出てくる表の一部です。どうでしょう?何か気づくことはありませんか?

こういう資料を見る時に大事なのは、**どういった傾向があるか**ということです。そういう目で見ていけば、とても重要なことにお気づきになるはずです。

そうです。実は、**定年後の生活費は定年前とあまり変わらない**のです。

定年前に対して、定年後は4万円ほど減っていますが、減った項目は3つだけです。

つまり、**定年後も日々の生活費はほとんど変わらないのです。**

Money after retirement
定年後の人生にかかるお金
2

★単純にかかるお金だけを考えてみる
老後に必要なお金はいくら？

試算してみてわかること

今の家に
住み続けるし…
電気も水道も
ずっと使うし…
家具も古く
なってるし…
たまには
おいしいものも
食べたいし…
服もずっとは
着られないし…
考えてみれば、
生活費はずっと
かかるものね

…わかったこと…

試算で出てきた生活費が
定年後もほぼ確実に必要になってくる

なんとなく
将来のことが
見えてきたぞ

★生活費は定年後もずっとかかり続ける

前項で見たように、定年後も日々の生活にかかるお金の額は今とほとんど変わりません。

私たちは、心のどこかで「定年後の生活費は今より減るんじゃないか」と考えがちです。ですが前ページの表が示す通り、**食費や水道光熱費、住居費などの生活費の中心は減ることはない**のです。

むしろ、子どもが独立して世帯の人数が減っているのに生活費は減っていないということは、経費は増えているのかもしれません。

前の項目で、皆さんの家で毎月どのくらいお金を使っているかを出してもらったのは、**出てきた生活費が定年後もほぼ確実に必要になってくる**ということを分かっていただきたかったからなのです。

では、定年後も生活費がほとんど変わら

★POINT★

★「老後」は長い。平均余命を考えると夫婦2人の老後にはかなりの額がかかる。

定年後の夫婦に必要なお金はいくら？

定年後も生活費がほとんど変わらないという前提で計算すると
どのくらいのお金が必要?

↓

定年から平均余命をまっとうするまでの期間…22 年間
＋
毎月かかるお金は約 31万円（9ページの図より）

毎月 31万円 × 264ヵ月（22年）＝8184 万円

↓

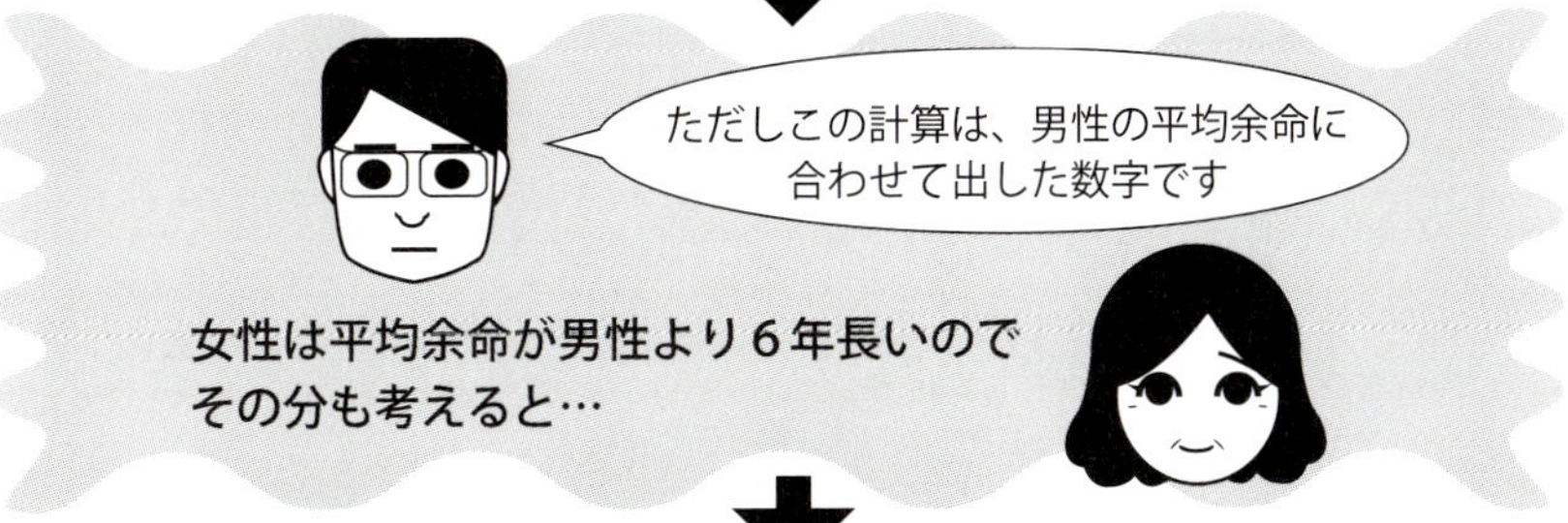
ただしこの計算は、男性の平均余命に
合わせて出した数字です
女性は平均余命が男性より6年長いので
その分も考えると…

↓

定年後に必要なお金は… 1億円!?

ないという前提で計算すると、どのくらいのお金が必要なのでしょうか？

★定年後にかかるお金は1億円!?

9ページの表を参考にすると、定年後にかかるお金は、上の図のように約8200万円という計算になります。

しかし、この計算は、男性の平均余命に合わせて出した数字です。実際には、女性はさらに6年平均余命が長くなります。

つまり、夫婦が同級生でも、奥様が1人で生きていく期間が6年できることになります。

そこまで考慮すると、定年後に必要なお金は、**1億円に近い金額**になるようです。

★さらに増える?

皆さんに、定年後の期間の長さに実感を持ってもらおうと思ったのですが、1億円なんて数字が出てくると、余計に想像のつかない世界になってしまいました。

しかも、定年後に必要なお金はこれだけではありません。

次の項目でもう少し見てみましょう。

Money after retirement

定年後の人生にかかるお金

3

住まいにかかるお金はいくら?

★住宅ローンがポイントになる

みんなの住宅ローン事情

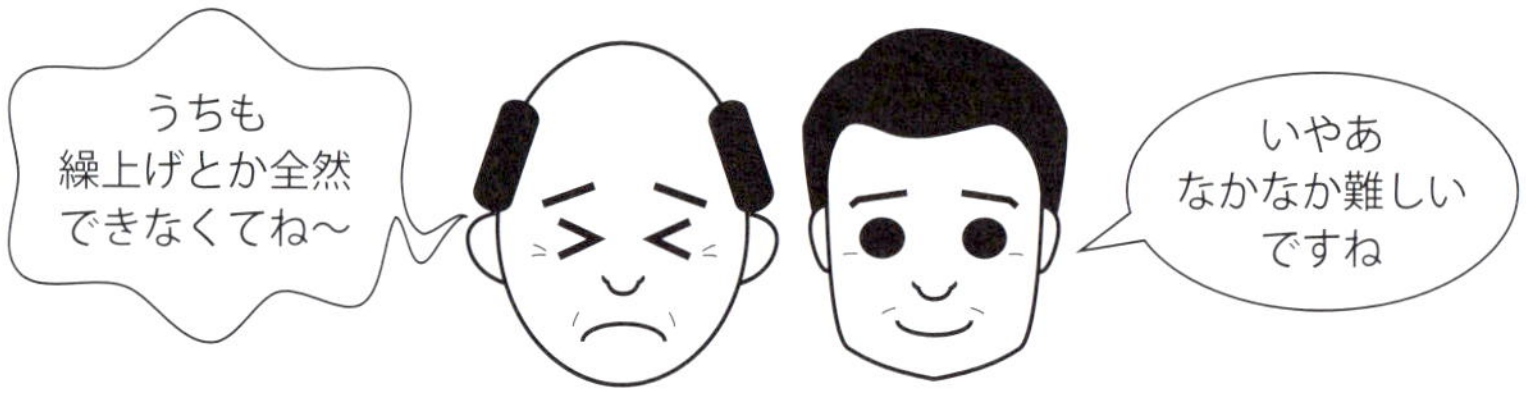

うちも繰上げとか全然できなくてね～
いやあなかなか難しいですね

借入金のある世帯の割合と借入残高（2013年）

		借入金のある世帯の割合(%)	借入金のある世帯の借入金残高（万円）	住宅ローン残高
全体		39.8	1,461	1,353
年齢別	20歳代	31.3	1,013	1,213
	30	55.7	1,668	1,736
	40	54.9	1,823	1,655
	50	53.1	1,300	1,192
	60	27.6	981	742
	70歳以上	16.7	1,334	1,055

（金融広報中央委員会「知るぽると」ホームページより・「家計の金融行動に関する世論調査」［二人以上世帯調査］（2013年））

60歳以降も約30%の世帯がなんらかの借金を持っている

しかも

借金の約80%が住宅ローン

★住宅ローンが最大のポイント

実は、9ページに出てきた定年後の生活費の図には、含まれていない数字がありました。お気づきの方もいらっしゃったでしょう。

それは**借金の返済**と**税金・社会保険料の支払い**です。そして借金の状況は上の図のとおりです。

悲しいですが、これが現実です。なんと、**60歳以降も約30%の世帯がなんらかの借金を持っている**ことになります。**その借金の約80%が住宅ローン**だということですから、住宅ローンの恐ろしさが分かります。

考えてみれば、ほとんどの住宅ローンは35年返済で組まれます。住宅購入の平均年齢が大体39歳前後ということから考えると、まともに払っていけば、定年までには終わりません。

★POINT★

★住まいにかかるお金は人生そのものにも関わってくる。利息や残債を確認しよう。

繰上げ返済は難しい

当然、住宅を購入する際は「途中で繰上げ返済して、定年までに終わらせるんだ!!」というつもりでいたのでしょうが、実際はどうでしょうか？

★繰上げ返済は難しい

住宅ローンのアドバイスをさせていただく時に、私は必ずライフプラン（人生設計）を立てます。

そうすると、ほとんどの家庭で、住宅購入から10年〜15年ほどで、教育費のピークを迎えます。

それに向けて教育費の準備を優先させていく必要があるので、住宅の繰上げ返済をする余裕なんかありません。

つまり、**計画どおり住宅ローンが減っている家庭はあまりない**のです。

皆さんはいかがですか？　住宅ローンが定年後まで残りませんか？　退職金で残債を返済する？　それもいいかもしれません。

しかし、本当に退職金はあてになりますか？

まずは、今住宅ローンを抱えているのであれば、上の図の2つのポイントについては、最低限調べておく必要はありそうです。

この点についての対策は、52ページで詳しく説明していきます。

定年後も税金は払い続ける

★会社任せの時期は終わる

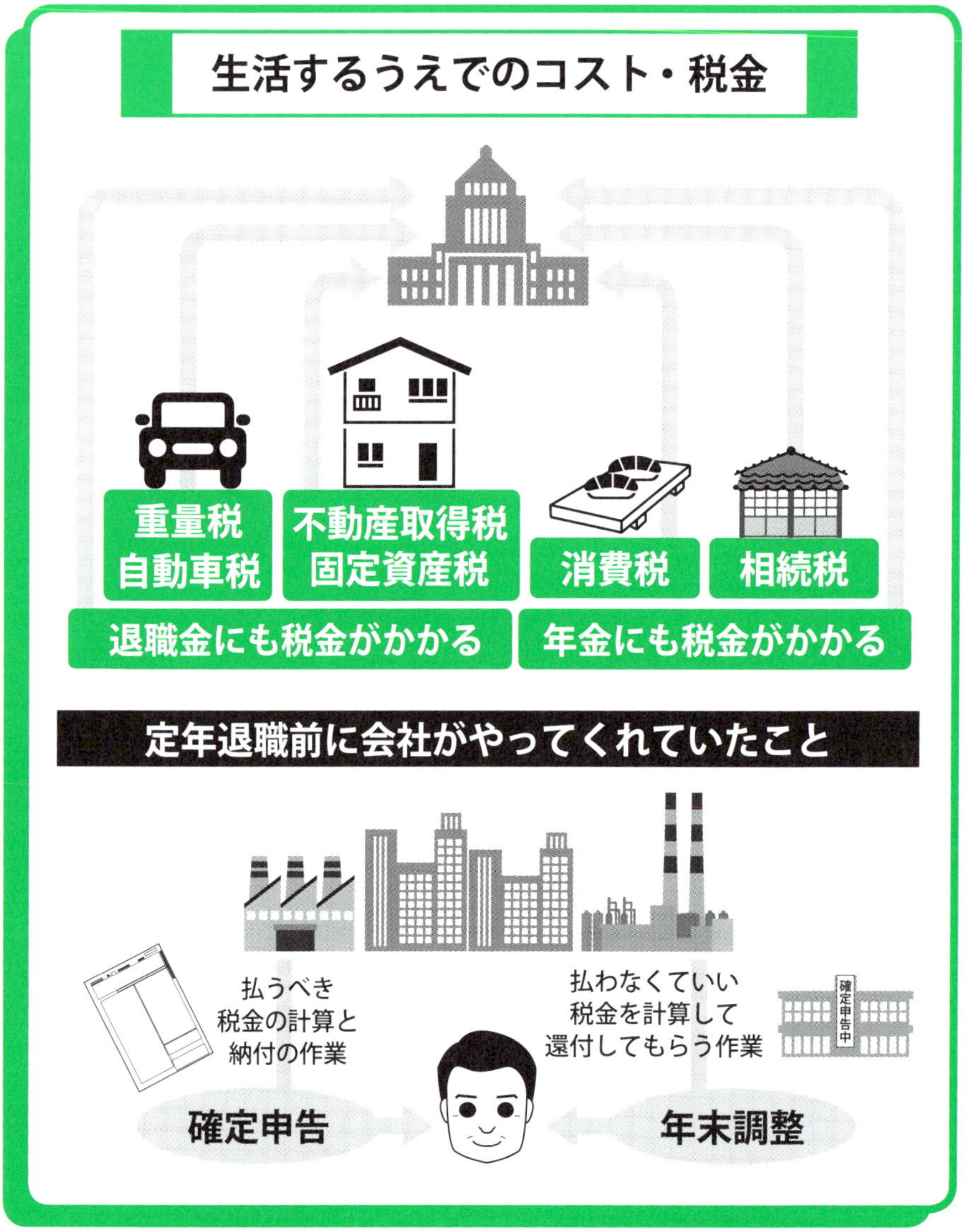
生活するうえでのコスト・税金
重量税
自動車税
不動産取得税
固定資産税
消費税
相続税
退職金にも税金がかかる
年金にも税金がかかる
定年退職前に会社がやってくれていたこと
払うべき
税金の計算と
納付の作業
払わなくていい
税金を計算して
還付してもらう作業
確定申告中
確定申告
年末調整

★税金は払い続けるもの

私たちは「税金は収入に対してかかるもの」というイメージが強いせいか、どうしても定年後はかからないものだと思ってしまいがちです。

当然、収入が現役時代より減る以上、収入にかかる税金は少なくなります。しかし、税金とは、それだけでしょうか?

税金とは、もともと**この国に住むために必要なコスト**です。つまり収入に伴うもの以外に、この国で生活するために必要な税金が存在するのではないでしょうか。

そう、例えば、固定資産税や自動車税がそれにあたります。

固定資産税はこの国で不動産を持つ者であれば、自動車税はこの国で車を所有するのであれば、必ず支払わなければなりません。**収入が多かろうが少なかろうが、関係ない**のです。

今現在、収入額に関わらず払っている税

★POINT★

★税金の支払いは変わらず続く。定年前と違い、自己管理が必要になる。

金が年間いくらあるのか？　……これは確実に把握していく必要があるようです。

★自分で税金の管理をしなければならない

それ以外に、税金については、知っておかなくてはいけないことがたくさんあります。

サラリーマン時代には会社の経理がやってくれていたものを、**定年後は自分でやっていかなくてはいけない**。

実は、ここがかなり大きな問題です。

日本では、サラリーマンをしている限り、税金の知識がまったくなくても、正直生きていくのに困ることはありません。そのためか、我々日本人が税金について教育を受けることはまったくありません。

にも関わらず、定年後は強制的に、自己責任で税金について管理しなくてはいけません。

定年後に皆さんが不安を感じる大きな原因は、お金がいくらかかるかも当然そうなのですが、**税金について分からないという不安**も大きいのではないでしょうか？

それを少しでも解消するために、次のページからひとつずつ見ていきましょう。

退職金にも税金がかかる

★退職金は月給とは別会計

所得税の計算方法

退職金にかかる税金は給料とは別に計算される

けっこう
今後の人生にかかわる
問題だな

退職金にかかる税金の特別な方法

退職金所得控除　**2分の1課税**

（退職金の金額 － 退職所得控除額）× 2分の1

勤続年数20年以下・・・40万円×（勤続年数）
勤続年数20年超・・・800万円＋｛70万円×（勤続年数－20年）｝

※勤続年数に端数がある場合は、たとえ1日でも1年として計算する
※勤続年数に関わらず、最低80万円の控除がある
※障害者となったことに起因して退職する場合は、さらに100万円控除される

勤続年数の長さが重要になる

★退職金にかかる税金は特別枠で計算される

みなさんがもらう退職金には、所得税と住民税という税金がかかります。

退職金の税金の計算は、お給料の税金とは少し計算方法が違います。というより**お給料とは別に計算することになる**のです。

せっかくコツコツ働いてきて、やっと退職して退職金を楽しみにしていたら、たっぷり税金が……なんてことにならないように、あまり高額な税金がかからない特別な方法をとっているのです。

その特別な方法というのは、**「退職金所得控除」**と、**「2分の1課税」**です。

ここで出てくる「退職所得控除」というのは、退職金に税金がかかりすぎないように、計算から差し引ける金額をいいます。

しかし、誰でも同じ金額が差し引けるのではなく、**勤続年数の長さ**によってその金

★POINT★

★退職金は税制的に優遇されている。ただし申告が必要なので要注意！

退職金にかかる税金の計算例

勤続30年、退職金2000万円の場合

30年間勤務した場合の退職所得控除額

800万円＋{70万円×（30年－20年）}＝800万円＋700万円＝1500万円

↓

1500万円までの退職金には税金がかからない

2000万円（退職金）－1500万円（退職所得控除）× $\frac{1}{2}$ ＝ **250万円**

ここに税金がかかってくる

退職所得金額の表

退職所得金額（＝課税所得金額）	税率	控除額
195万円以下	5%	－
195万円超　～　330万円以下	10%	9万7,500円
330万円超　～　695万円以下	20%	42万7,500円
695万円超　～　900万円以下	23%	63万6,000円
900万円超　～1,800万円以下	33%	153万6,000円
1,800万円超　～4,000万円以下	40%	279万6,000円
4,000万円超	45%	479万6,000円

（平成30年）

所得税の税率はこの場合10%

＋

住民税の税率は一律10%

↓

所得税…250万円×10%（所得税率）－9万7,500円＝15万2,500円

住民税…250万円×10%＝25万円

所得税15万2,500円＋住民税25万円＝40万2,500円

額は変わってきます。

退職金にかかる税金の計算は、右上の図のようになっています。

こういう場合は具体的な例があった方がいいですよね。勤続30年で退職した場合を上の図で見ていきましょう。

このケースでは、1500万円までの退職金には税金がかからないということになります。そうすると、所得税は上記のように約15万円となるのです。

★税金を安くするには申告が必要

しかし、ここで気をつけなければならないポイントがあります。

退職金の税金において、**「退職所得の受給に関する申告書」**が提出されていない場合、退職所得控除が受けられず、税金が高額となってしまいます。

通常は、退職金を支給する会社側でこの申告書についての説明があると思いますが、万が一、話や説明がない場合には確認をとるようにしましょう。

また、所得税とは別に住民税も退職の翌年に支払う必要があります。つい忘れがちなので注意してください。

年金にも税金がかかる

★自分で支払うからこそ安くできる

年金にかかる税金の概要

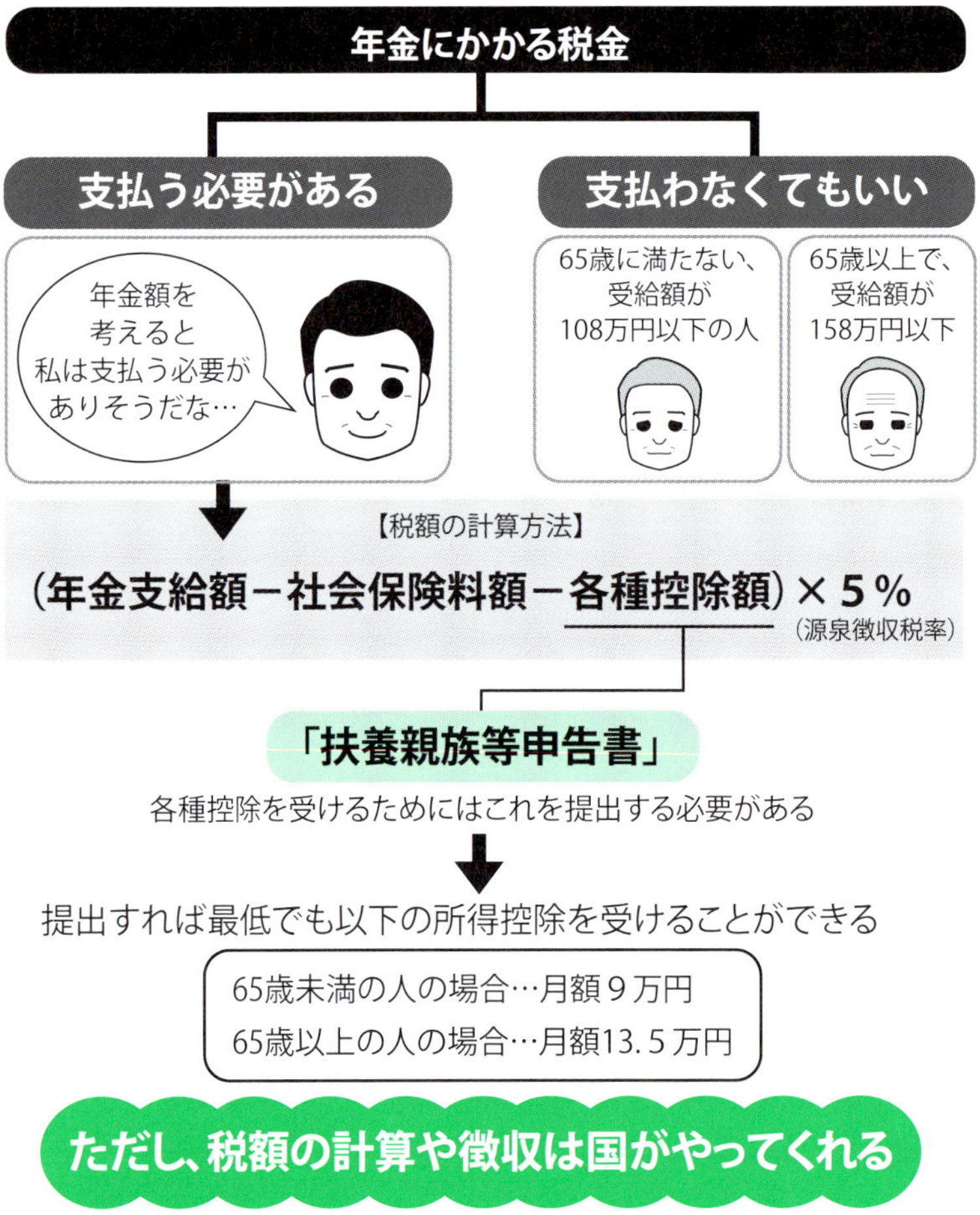
年金にかかる税金
支払う必要がある
支払わなくてもいい
年金額を考えると私は支払う必要がありそうだな…
65歳に満たない、受給額が108万円以下の人
65歳以上で、受給額が158万円以下
【税額の計算方法】
（年金支給額－社会保険料額－各種控除額）×５％
（源泉徴収税率）
「扶養親族等申告書」
各種控除を受けるためにはこれを提出する必要がある
提出すれば最低でも以下の所得控除を受けることができる
65歳未満の人の場合…月額９万円
65歳以上の人の場合…月額13.５万円
ただし、税額の計算や徴収は国がやってくれる

★定年後の支払いは自己責任

多くの人が意外と知らないのが、**老後にもらう年金にも税金がかかることがある**という事実です。

なお、税金がかかるのはあくまでも老後にもらえる年金に対してであって、遺族年金や障害者年金には税金がかかりません。

また、税金の計算と徴収は、サラリーマン時代と同様、国が勝手にしてくれますので、私たちが考える必要はありません。

しかし、定年後はサラリーマンと違って、年末調整がありません。

サラリーマン時代は**年末調整**があって、生命保険の控除証明書や損害保険の控除証明書などを、会社に出しましたよね。

あれは、会社が皆さんの代わりに、仮徴収されていた税金と本当に支払うべき税金を計算して調整してくれていたからなんです。だから年末調整というのです。

★POINT★

★年金にかかる税金は国が計算してくれるが、自分次第で安くすることができる。

税金を払いすぎないよう注意しよう

年金にかかる税金は勝手に徴収される
あれ、じゃあ保険の控除とかはどうなるの？
国は個人の保険事情までは分からないよね？
サラリーマン時代にあった年末調整は定年後にはない
もしかしたら税金を払いすぎてしまうかも？
その通り
でも教えてくれたら返すよ
自分で確定申告をすれば払いすぎた分が戻ってくる
自治体のホームページ
確定申告の季節です
○○市
行政の広報紙
そろそろですよ
○○市
サポート窓口
相談コーナー
確定申告
2月頃によく掲載される
窓口はいろいろある
まずはみずから動いてみよう

定年後は、その年末調整がありません。ですから、生命保険や損害保険を支払っている場合、**確定申告をすると税金が還付されることがあります。**

サラリーマン時代は会社が守ってくれていたさまざまなことが、定年後になると**自己責任**になってしまうのです。

とはいえ、あまり難しいことを説明しても眠くなってしまうでしょうから、簡単な仕組みだけを簡単に見てみましょう。

★書類の提出も自分で行う

公的年金の所得税は、支払う年金額から各種控除を行い、残りの額に5%の税率を掛けた額となります。

年金から各種の控除を受けるためには、送られてくる**「扶養親族等申告書」**に必要事項を記入して、提出期限までに出すことになっています。これも当然、自分で行う必要があります。

お金が関わることには必ず税金が関係してきます。今までは、会社というフィルターを通して接していたことが、これからは直に接することになります。

不安はあるでしょうが、まずは面倒がらずに聞くことから始めましょう。

定年後の健康保険はどうなる？

★立場によっていくつかの選択肢がある

定年後の自分はどれになる？

定年前の健康保険は以下のうちのどれか

健康保険組合
少し大きめの企業やグループに勤めていたサラリーマンが所属

政府管掌健康保険（現協会けんぽ）
一般のサラリーマンが所属

国民健康保険
自営業者や一部のサラリーマンが所属

定年後の健康保険は以下のうちのどれか

特例退職被保険者
厚生労働大臣の認可を受けた健康保険組合（約70程度）が運営する

任意継続被保険者
在職中と同様の保険給付等を受けられるが、保険料は高くなる

家族の被扶養者になる
条件をクリアすれば、保険料をおさめなくてもよくなる

国民健康保険の退職被保険者
保険料・給付内容とも国民健康保険と同じ

定年後は自分で健康保険料を支払うことになる

※健康保険については60・61ページも参照してください

★定年前の働き方によって道が分かれる

健康保険は、定年後にどうなるのか？

これは、かなりの人が不安に思うことではないでしょうか？

定年後の健康保険は、大きく分けて上図の上段にある３つに分けることができます。

まずは、定年前にご自分がどの健康保険だったのかで定年後に選択できる進路が変わってきます。

国民健康保険に加入している人は、サラリーマンではないわけですから、そもそも定年という言葉がありません。つまり何も変わりません。今まで通りに健康保険を支払っていくわけです。

問題は、政府管掌健康保険と健康保険組合に所属していた人です。

当然、仕事の定年とともに健康保険も定年になるので、今までの状態は変化してしまいます。その場合、大きく分けて、右上

★POINT★

★保険料はずっと支払い続ける。
しかも保険料はけっこう高い。

健康保険料の計算例

…健康保険料の基本…

前の年の収入に応じて翌年請求される

+自治体によって差がある

※東京都の例

5万3,100円（1年）×2人＝ **10万6,200円** 最低このくらいはかかる

基本的に定年後もこの金額は支払い続ける

特に定年の翌年はかなりの金額に!

（前年まで働いていた時の収入をもとに計算した所得で保険料が請求されるため）

かといって無保険だと、
いざ病気になった時の医療費がかなり高額になってしまう

準備しておかないとね
税金よりも高そう

図の下段にある道があると思ってください（60ページで詳述）。

★保険料はけっこう高い

ここで一番押さえておきたいポイントは、**どのコースになっても健康保険には加入しなくてはならない**こと、もちろん**健康保険料を納める必要がある**ということです。

税金と同様、いやそれ以上に支払う金額が多いのが、健康保険料です。

健康保険料は、ほとんどの場合で、前年の所得によって翌年の保険料が決まる仕組みです。

定年後は収入が減りますので、現役の時ほど保険料を支払う必要があるわけではありませんが、どうでしょう。それでも夫婦2人で、最低年間10万円以上は支払う計算になります。

特に定年の翌年は、前年まで働いていた時の収入をもとに計算した所得で保険料が請求されるので、かなりの金額になります。

税金・社会保険ともに、**この国で生活していくためには絶対に必要なコスト**です。定年後の生活費に確実に加えて計算していきましょう。

★親世代のことも気になる
医療と介護にはお金がかかる

今後の医療にかかるお金

勤労者世帯の年齢階層別収支（2008年）（9ページの図より部分抜粋）

	30～34歳	35～39歳	40～44歳	45～49歳	50～54歳	55～59歳	60～64歳	65歳以上
世帯人数（人）	3.47	3.70	3.88	3.78	3.53	3.19	2.84	2.58
世帯主の年齢（歳）	32.3	37.0	41.9	46.9	52.1	57.0	61.6	68.1
可処分所得（A）	378,780	420,698	471,027	509,246	517,237	485,427	332,861	335,572
保健医療	10,267	10,342	10,246	11,777	12,924	12,073	13,025	13,611

（総務省「家計調査年報」）

じわじわ増えている

たばこ
アルコール
不規則な睡眠
体の衰え

運動不足
高血圧
メタボ
糖尿病

病気別・年齢階級別平均在院日数

0～14歳	15～34歳	35～64歳	65歳以上	70歳以上	75歳以上
8.9日	13.0日	29.5日	47.7日	50.2日	54.2日

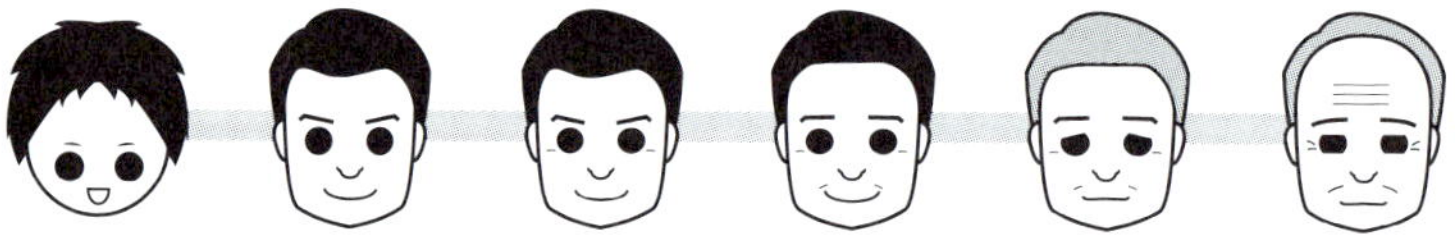

年齢とともに在院日数も増加していく

（厚生労働省「患者調査」平成20年より・平成20年9月1日～30日に退院した者を対象としたもの）

★体のケアにかかるお金は今後増えていく

老後の必要資金として、やはり気になるのが、医療費と介護に必要なお金でしょう。そこで、もう一度9ページの表に登場してもらいましょう（部分を抜粋）。

「保健医療」という項目があります。やはり、定年後の方が、定年前より平均で1000円ほど増えていることが分かります。

この傾向は65歳以上にも見られますから、やはり老後の医療費は確実に今より増えていくでしょう。

その一つの原因と考えられるのが、入院した際の在院日数です。平均の在院日数、つまり**入院期間が年齢とともに長くなる傾向にある**のです。

もちろん、入院・外来の受療率、つまり病院にかかる確率も定年後は増加していきます。当然それに伴い、**医療費も増大していく**ことになるのです。

★POINT★

★長生きにはお金がかかる。家族のことだけでなく親世代のことも考えておこう。

今後の介護にかかるお金

おいおい
介護はさすがに
まだまだだろう

…しかし…

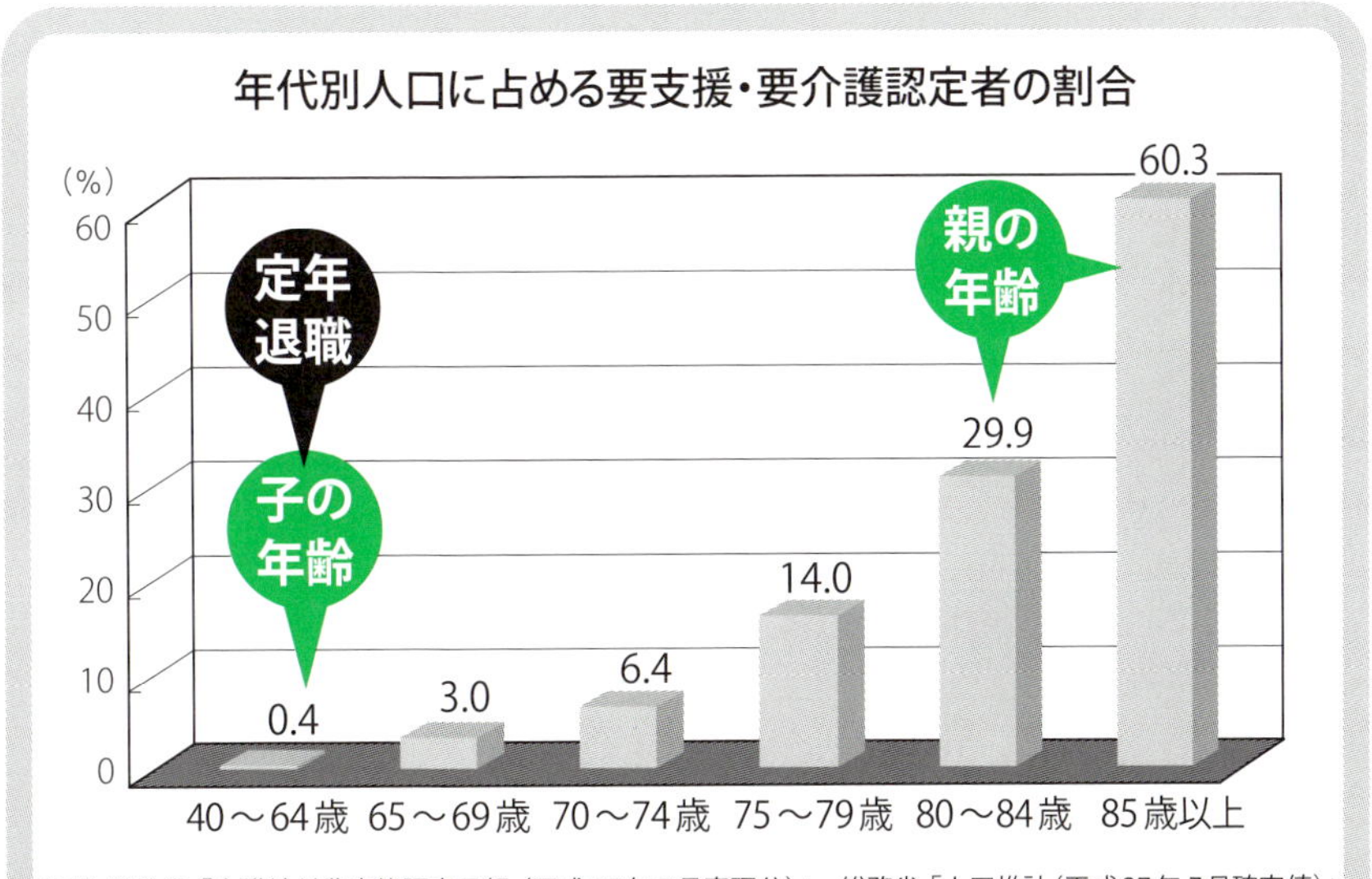
年代別人口に占める要支援・要介護認定者の割合
(%)
60
50
40
30
20
10
0
定年
退職
子の
年齢
親の
年齢
0.4
3.0
6.4
14.0
29.9
60.3
40～64歳
65～69歳
70～74歳
75～79歳
80～84歳
85歳以上

(厚生労働省「介護給付費実態調査月報（平成27年7月審理分）」・総務省「人口推計（平成27年7月確定値）」

定年直後に自分が要介護になる確率は低いが…

ご両親が要介護になる確率は高い

統計の数字だけ見ると、何か気分が暗くなりそうですが、確実に、現役の時よりも体のケアにかかるお金が増大するのです。

ましてや、高齢者に対しての健康保険制度も改正され、徐々に現役の時に近い自己負担が発生するようにもなってきました。

この傾向は、借金まみれの日本の今後を考えれば、防ぎようがないでしょう。つまり、**なんらかの形で将来の医療費の準備をする必要がある**のです。

★親世代が介護状態になる可能性が上がる

次に介護費用の問題です。

ここで大事なのは、介護状態になるのは何も皆さんが介護状態になるということばかりではない点です。

皆さんのご両親が介護状態になる確率が、グーンとあがるのです。

これは大きな社会問題です。そして、介護を経験した人ならきっと思うはずです。「自分が介護状態になったら、子どもたちには迷惑をかけたくない」と。

もちろんお金のことばかりではありませんが、かなりお金がかかることも現実なのです。

●ミニコラム●

退職金にかかる住民税には要注意！

★住民税の支払いは翌年

17ページをお読みいただければおわかりかと思いますが、退職金にかかる税金といっても、そんなにビックリすることはありません。でも、気を付けなければならないのは、**支払いのタイミング**です。

そもそも住民税と所得税は、支払うタイミングが異なります。所得税はその年のうちに支払いますが、住民税は、その年の収入によって税額が決定します。ですから、住民税は翌年支払うことになるのです。

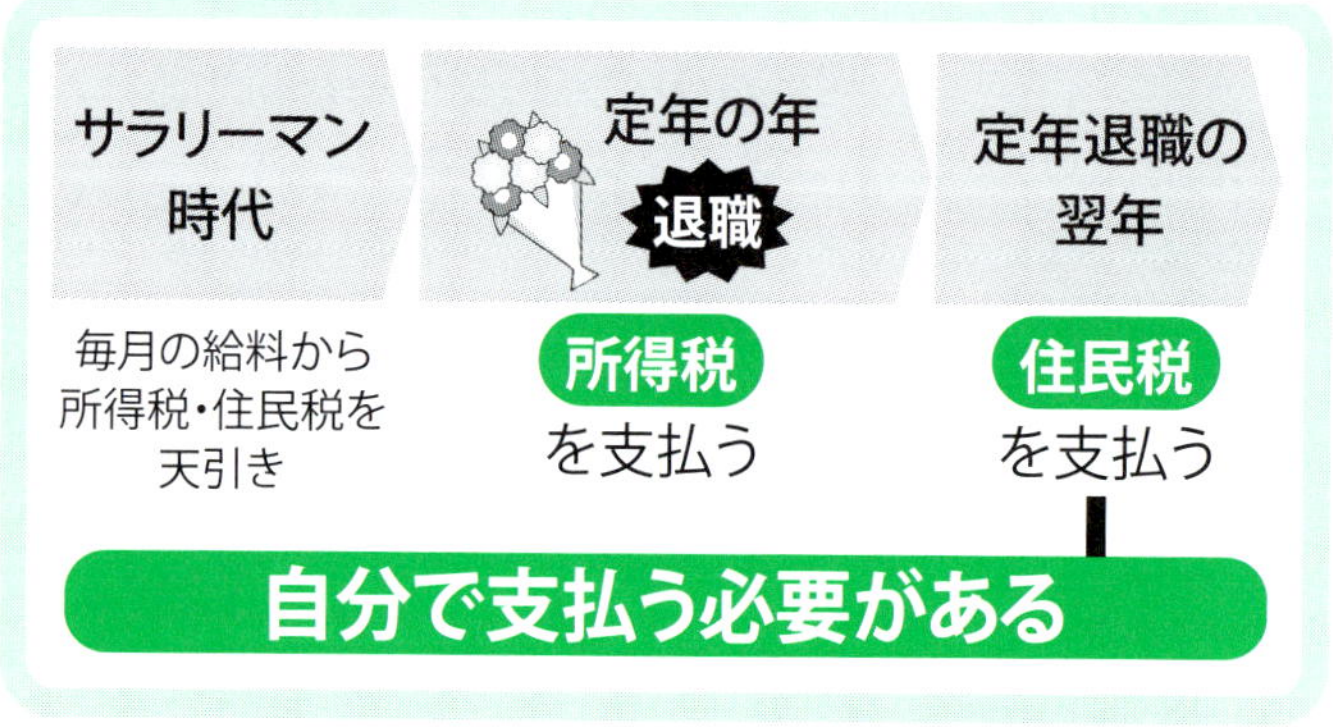

サラリーマン時代
定年の年
退職
定年退職の翌年
毎月の給料から所得税・住民税を天引き
所得税を支払う
住民税を支払う
自分で支払う必要がある

★忘れたころに通知書が来る

サラリーマン時代と違い、退職後の住民税は、直接皆さんのところに請求書が来ます。そして**皆さんが直接支払う必要があります**。

人間って不思議ですよね。最初から差し引かれていればそんなに気にしないのですが、一旦ふところに入ったお金を後から請求されると、なんだかいい気がしません。

はじめから予定しておけばいいのですが、忘れた頃に請求が来ると慌ててしまうものです。よくよく注意しましょう。

2章
定年後の収入を把握しよう

定年後の大きな収入・退職金

★まずは退職金を見てみよう

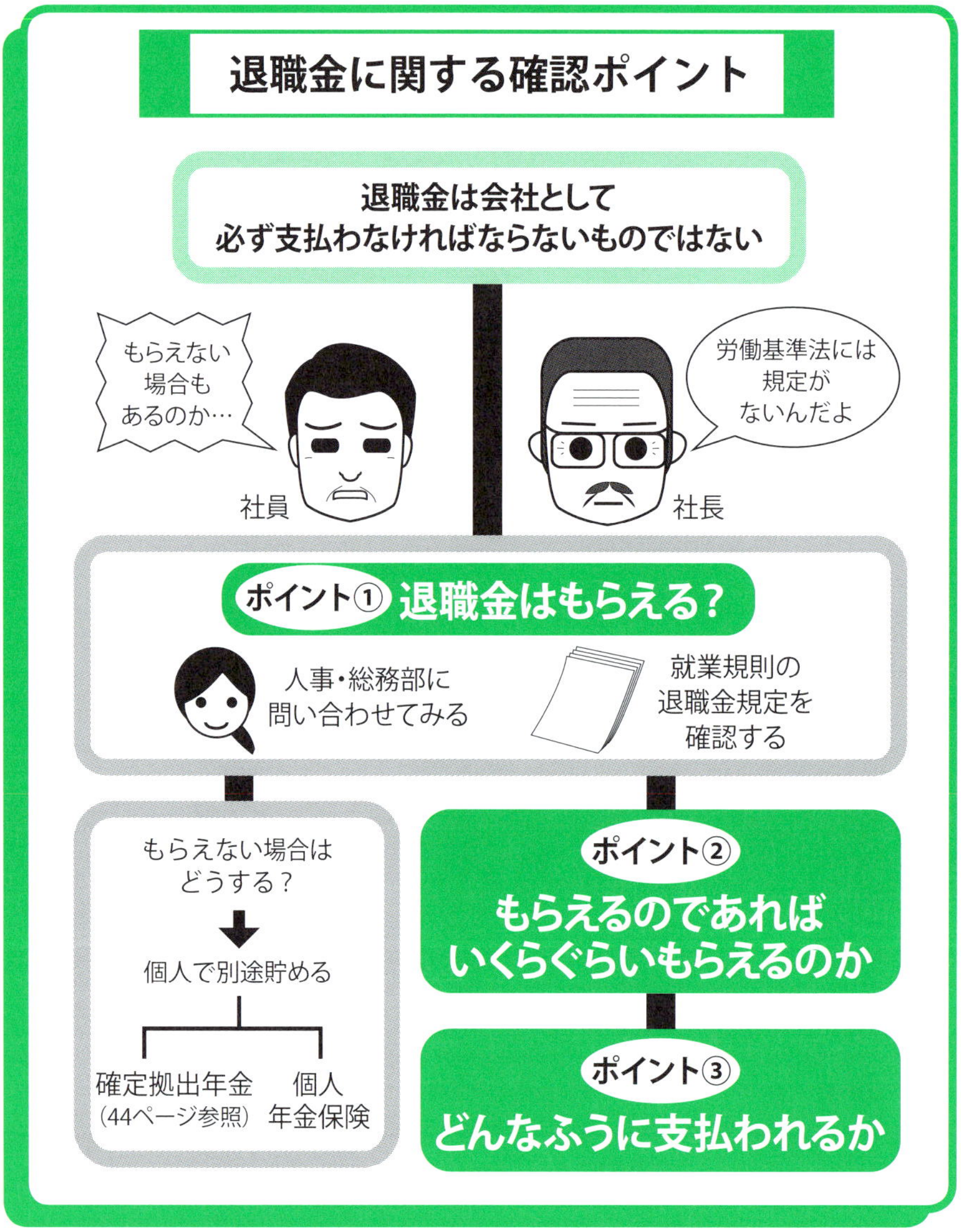
退職金に関する確認ポイント
退職金は会社として
必ず支払わなければならないものではない
もらえない
場合も
あるのか…
社員
労働基準法には
規定が
ないんだよ
社長
ポイント① 退職金はもらえる？
人事・総務部に
問い合わせてみる
就業規則の
退職金規定を
確認する
もらえない場合は
どうする？
個人で別途貯める
確定拠出年金
(44ページ参照)
個人
年金保険
ポイント②
もらえるのであれば
いくらぐらいもらえるのか
ポイント③
どんなふうに支払われるか

★現状の把握が大事

私たちが定年後生活していく上でもっとも大切なことは、現実をきちんと把握するということです。

特に、多くの人はサラリーマンとして会社組織に守られてきました。定年後、この**後ろ盾がなくなる**というのは、かなり大きな変化だと思うのです。少しでも早く準備を始めてください。

さて、1章では、出ていくお金ばかりを見てきました。でも当然入ってくるお金もあるわけですから、本章ではそのあたりを見ていくことにしましょう。

★まずはやっぱり退職金

さて、定年退職といえば、なんといっても**「退職金」**。いやー、いい響きですね。

16ページでは、退職金にかかる税金について説明しました。でもどうでしょうか？

★POINT★

★自分の退職金の有無や金額は意外とあいまい。一度確認してみよう。

退職金の支給例

パターン① 退職金が一括で支払われるケース

支給額

退職時の基本給の月額に、別に定めた支給係数表で該当する支給率を乗じて算出した金額

支給係数表の例	
5年……	3.0
10年……	8.0
30年……	30.0

…ただし…
自己都合による退職の場合は左に80%を乗じた金額になる

支給日

退職の日から原則として○日以内に全額を支給

パターン② 退職金が分割で支払われるケース

支給額

退職年金として分割で右の額を支給する

支給額の例	
5年……	なし
10年……	4万円
30年……	15万円

支給日

年4回
（1月、4月、7月、10月）
給付期間は退職後20年間

パターン③ 確定拠出年金（401K）の場合

支給額

会社や会社員が拠出したお金を、**会社員自身が運用して年金を準備する**方法。将来の年金額は自分次第で決まることになる。

支給日

年金として一括または分割で支給を受ける

（→44ページも参照）

自分が受け取る退職金ってどれぐらいか、把握されていますか？

多くの方にライフプランのアドバイスをしていると気づくのですが、かなりの方が、自分が退職金をいくらぐらいもらえるか、ご存じないのです。

ちなみに、就業規則や退職金規定は、必ず従業員が閲覧できるようにしておかなくてはいけない決まりになっています。つまり、皆さんが**その気になれば必ず確認することができるはず**なのです。

しかし、もう一つ重要な事実があります。実は、**退職金というのは、会社として必ず支払わなければならないものではない**のです。

つまり、退職金規定がない場合、その勤め先から退職金が支払われない可能性もありますし、支払われないからといっても、法律違反ではないのです。

なにはともあれ、右上の図にある３つの点を確認する必要があります。

退職金の支給例としては、大きく分けて上の図のようなパターンになります。

①と②は従来の方法で、③の確定拠出年金は、平成13年から始まった、会社が拠出したお金を従業員が運用して、自分で将来の年金を増やすという方法です。

★頼りになる定期的にもらえるお金

生活の基盤となる年金の概要

加入している年金の種類

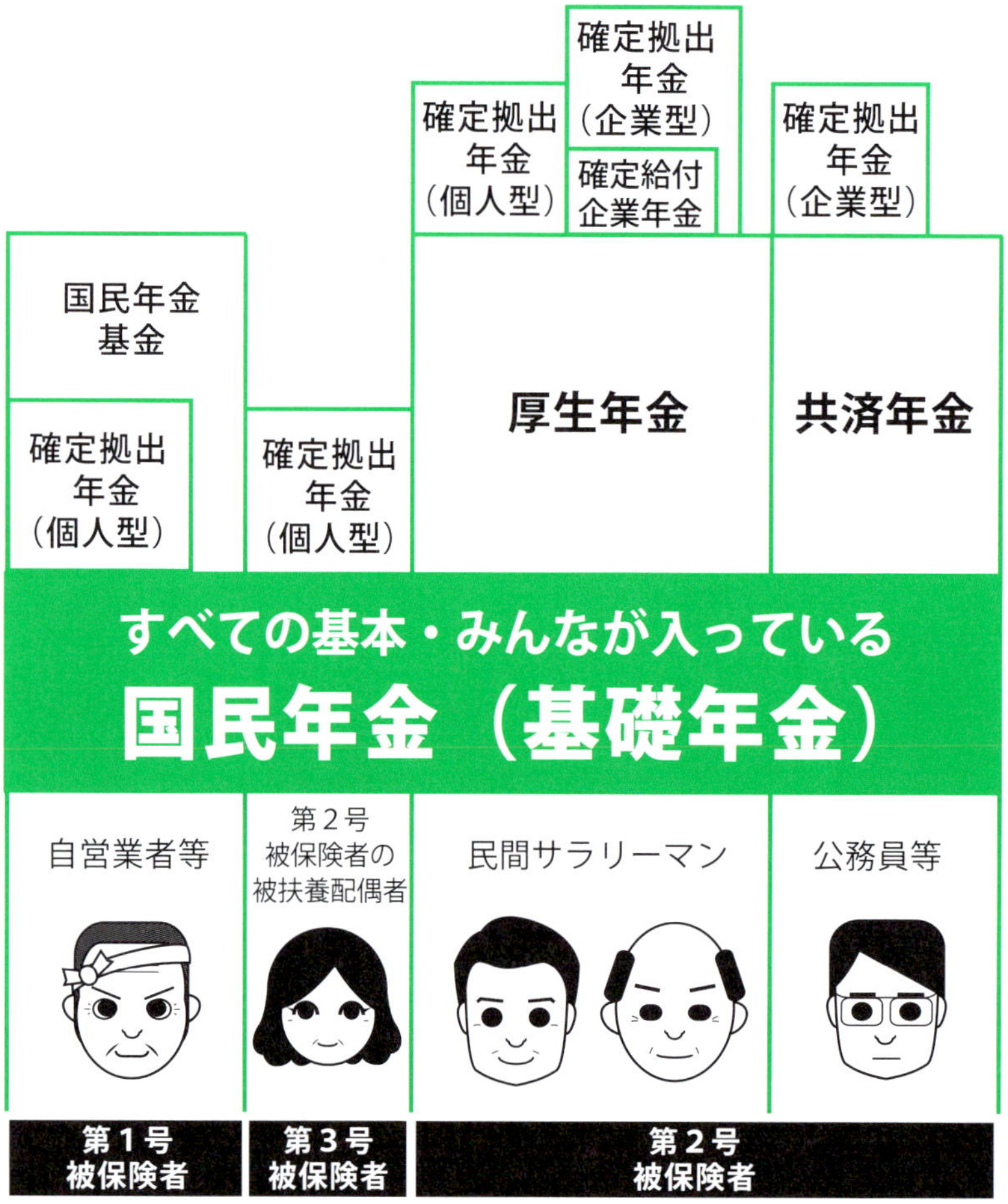
確定拠出年金（個人型）
確定拠出年金（企業型）
確定給付企業年金
確定拠出年金（企業型）
国民年金基金
確定拠出年金（個人型）
確定拠出年金（個人型）
厚生年金
共済年金
すべての基本・みんなが入っている
国民年金（基礎年金）
自営業者等
第2号被保険者の被扶養配偶者
民間サラリーマン
公務員等
第1号被保険者
第3号被保険者
第2号被保険者

★大事なところだけ見てみよう

定年後の収入の代表は、やはり年金ですよね。そして一番気になるのは、**年金が「いつから」「いくら」もらえるのか**という点です。

これが正確に分かる人は意外に多くありません。むしろ、色々な噂話だけが一人歩きしている感もあります。

確かに年金の話はいささか複雑です。色々な制度と年代によってルールが異なります。だから、年金制度の全容をすべて知ることなんて、素人の私たちには不可能ですし、意味がありません。

そもそも年齢や家族構成によって違いが生じるものです。あまり比較しすぎないようにしてください。

年金制度をすべて理解する必要はありません。しかし、基本的な仕組みを知っておくと、年金事務所（旧社会保険事務所）

★POINT★

★年金について詳細に知る必要はない。
ざっくり種類が分かっていれば大丈夫。

もらえる年金の種類
老齢年金
25年以上保険料を納付した（または免除された）
60~65歳以上の人が受け取れる
老齢基礎年金
これが基本中の基本！
上記の加入者すべてが受け取れる
老齢厚生年金
老齢基礎年金の支給要件を満たしている
＋
厚生年金保険の被保険者期間が1ヵ月以上ある人が受け取れる
サラリーマンはどちらももらえる
遺族年金
60歳以下でも受け取れる
遺族基礎年金
遺族厚生年金
・加入者が死亡した場合、遺族が受け取る
・小さな子がいる場合はもらえる額が増える
障害年金
60歳以下でも受け取れる
障害基礎年金
障害厚生年金
・障害者になった本人が受け取る
・障害の等級によって支給額が違う
・家族がいると加算される場合がある

へ出向いて話を聞く際便利ですので、基本的な部分だけ、簡単に見ていきましょう。

★大きく分けて3種類ある

年金には、大きく分けて3種類あります。

一般的に年金と言えば、老後の年金のことを指しますが、正確には**「老齢年金」**というのです。

こういう話題になると、「それじゃあ、国民年金や厚生年金っていうのは、どんな年金なの？」という質問をいただきます。国民年金・厚生年金は**もらえる年金の種類**ではなく、**加入している年金の種類**です。

サラリーマンは一般的に厚生年金に加入していて、それ以外、主に自営業の方は国民年金に加入していることになります。

そして、厚生年金の加入者とその被扶養配偶者は、自動的に国民年金に加入していることになっています。

国民年金の方から支払われる老齢年金を**老齢基礎年金**、厚生年金の方から支払われる老齢年金を**老齢厚生年金**といいます。

つまり、サラリーマンだった人は、「老齢基礎年金」も「老齢厚生年金」ももらえることになります。これだけ分かっていれば、だいたい大丈夫です。

★人生設計にかかわることだから確認しておきたい

年金はいつからもらえる？

加入のしかたで支給年齢は変わる

国民年金のみの人
厚生年金や共済組合に加入していた期間が１年未満の人

老齢基礎年金（国民年金部分）のみ
支給開始は65歳から

厚生年金に１年以上加入したことのある人

老齢基礎年金も老齢厚生年金も原則65歳からしかもらえない

…ただし…

定年が 60 歳なのに困るなあ

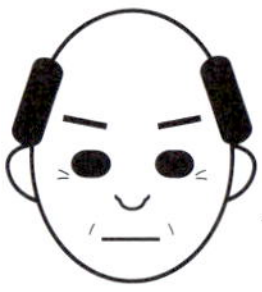

60 歳からもらえる予定で計画たてたよ

それでは困るという人たちのために

特別支給の老齢厚生年金

（60 歳から 65 歳までの間に支払われる年金）

がある

↓

ただし、いつまでもあるわけではなく、
生年月日によって段々と少なくなっていき、完全になくなる
（左ページ図参照）

★受給は原則65歳から

年金をいつからもらえるのかを知ることは、定年後の生活設計を考える上で非常に重要ですよね。

順番に見ていきましょう。

まずは一番簡単な、国民年金にしか加入したことがない、つまりサラリーマンをしたことがないという人です。今までに厚生年金や共済組合に加入していた期間が1年未満の人も含みます。

この人は、老齢基礎年金（国民年金部分）しかもらえません。つまり**支給開始は65歳から**です。

次に、厚生年金に1年以上加入したことのある人は、60歳から年金をもらうことができます。この年金のことを**「特別支給の老齢厚生年金」**といいます。

この「特別支給の」というのが、いささかややこしい原因ですよね。

簡単に言えば、老齢基礎年金も老齢厚生

★POINT★

★年金の支給開始時期は人によって違うが、基本的には65歳からになる。

年齢と特別支給の年金額の関係

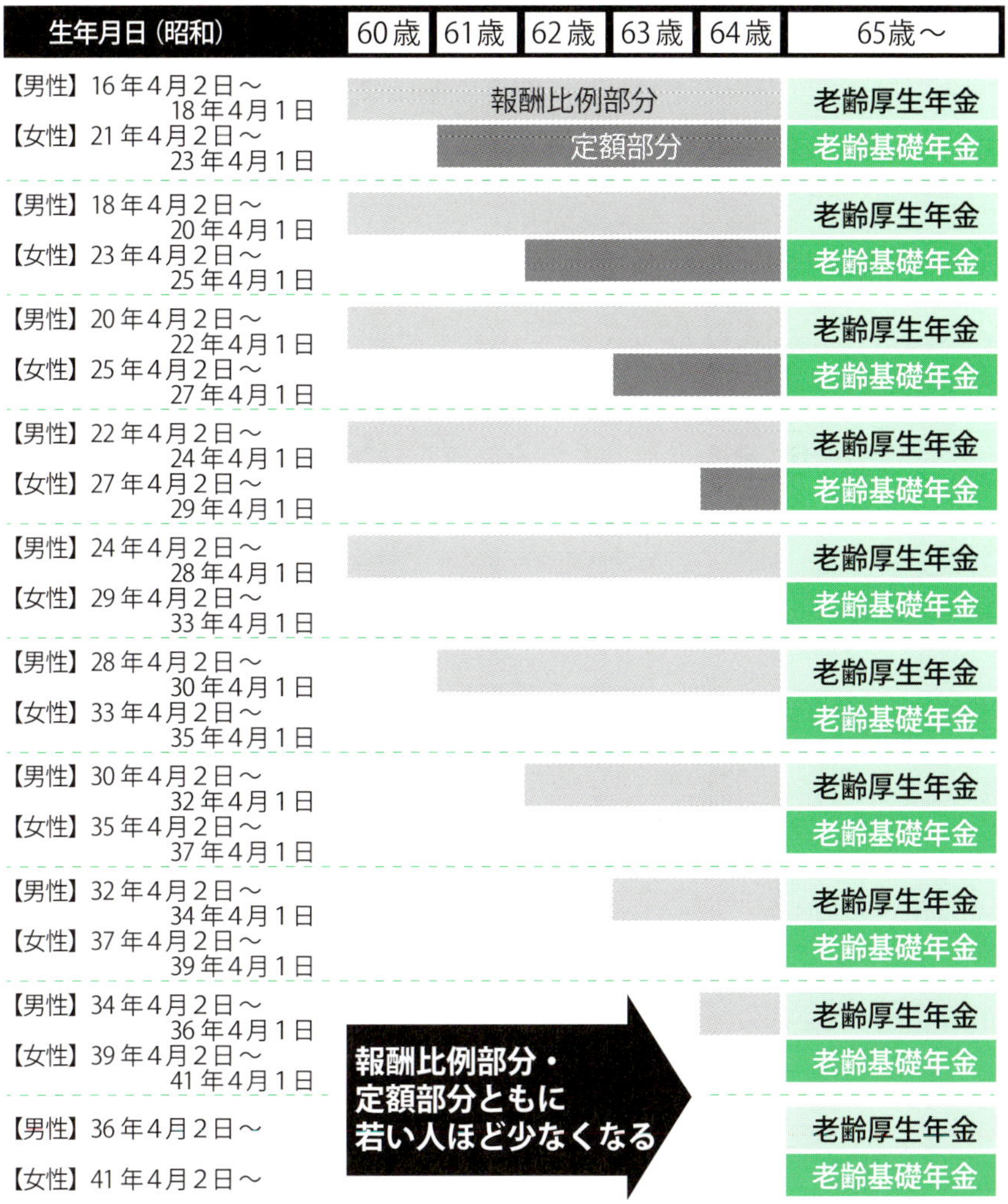

生年月日（昭和）	60歳	61歳	62歳	63歳	64歳	65歳～
【男性】16年4月2日～18年4月1日 【女性】21年4月2日～23年4月1日	報酬比例部分 →→→→ 　　　定額部分 →→→					老齢厚生年金 老齢基礎年金
【男性】18年4月2日～20年4月1日 【女性】23年4月2日～25年4月1日	報酬比例部分 →→→→ 　　　　　定額部分 →→					老齢厚生年金 老齢基礎年金
【男性】20年4月2日～22年4月1日 【女性】25年4月2日～27年4月1日	報酬比例部分 →→→→ 　　　　　　　定額部分 →					老齢厚生年金 老齢基礎年金
【男性】22年4月2日～24年4月1日 【女性】27年4月2日～29年4月1日	報酬比例部分 →→→→ 　　　　　　　　定額部分					老齢厚生年金 老齢基礎年金
【男性】24年4月2日～28年4月1日 【女性】29年4月2日～33年4月1日	報酬比例部分 →→→→					老齢厚生年金 老齢基礎年金
【男性】28年4月2日～30年4月1日 【女性】33年4月2日～35年4月1日		報酬比例部分 →→→				老齢厚生年金 老齢基礎年金
【男性】30年4月2日～32年4月1日 【女性】35年4月2日～37年4月1日			報酬比例部分 →→			老齢厚生年金 老齢基礎年金
【男性】32年4月2日～34年4月1日 【女性】37年4月2日～39年4月1日				報酬比例部分 →		老齢厚生年金 老齢基礎年金
【男性】34年4月2日～36年4月1日 【女性】39年4月2日～41年4月1日					報酬比例部分	老齢厚生年金 老齢基礎年金
【男性】36年4月2日～ 【女性】41年4月2日～						老齢厚生年金 老齢基礎年金

年金も原則、65歳からしかもらえません。

でも現状、定年が60歳だったり、もともと老齢厚生年金は60歳からもらえていたものを急に65歳からしかもらえませんとなると、困ってしまいます。

そこで、60歳から65歳までの間に支払う年金を「特別支給の老齢厚生年金」としたわけです。

もちろん特別なものですから、いつまでもあるわけではありません。生年月日によって、段々と特別な支払いは少なくなっていきます。そして完全になくなるわけです。

年齢と特別支給の老齢厚生年金の関係を表にしたのが上の表です。

★「報酬比例分」と「定額部分」とは？

ご自分が表のどこに当てはまるか、確認できましたか？

そうすると、また気になる言葉が出てきました。そう、**「報酬比例部分」**という言葉と、**「定額部分」**という言葉です。

表を見ていただければ想像できると思いますが、ようは、「報酬比例部分」というのは老齢厚生年金で、「定額部分」は老齢基礎年金だと思っていただければＯＫです。

ねんきん定期便でわかること

★その人ごとの状況を詳しく教えてくれる

50歳以上の人が受け取る定期便

そのままの数字が参考になる!

ねんきん定期便のサンプル(右半分)
※数字はあくまで例です

ポイントは下の3つ

この「ねんきん定期便」は、平成○○年○月○日
時点の年金加入記録に基づいて作成されております。

789 012 (照会番号は、お問い合わせの際に必要となります)

国民年金計(未納期間を除く)	厚生年金保険	船員保険	年金加入期間合計(未納期間を除く)
月	***月	月	***月

チェックポイント①
これまでの年金加入期間

歳	64歳	65歳
		老齢基礎年金
		778500円
特別支給の老齢厚生年金	特別支給の老齢厚生年金	老齢厚生年金
		1204334円 (報酬比例部分)
		235円 (経過的加算)
		1983069円

チェックポイント②
老齢年金の見込額

の保険料納付額)	(累計額)
被保険者期間の保険料納付額)	(累計額) 8690968円
金・厚生年金保険合計】	(累計額) 8690968円

チェックポイント③
これまでの保険料納付額

★もらえる金額が大体わかる

この項では、肝心の「いくらぐらいもらえるのか」を見ていきましょう。

その昔は、この手の話になると、「おおよそは分かりますが、詳しくは社会保険事務所(現在の年金事務所)に聞いてください」とお伝えしていたのですが、平成21年以降、毎年誕生日月に**「ねんきん定期便」**が送られてくるようになりました。

この「ねんきん定期便」を読み解けば、年金がいつから、いくらぐらいもらえるのかが分かります。

ねんきん定期便は、**50歳以上と50歳未満で大きく様式が異なります**。

50歳以上は、このままの状態が60歳まで続いた場合、どのくらい年金が支払われるかが分かるので、**数字はかなり現実的**です。

50歳未満の場合は、現時点で年金をもら

★POINT★

★ねんきん定期便があれば、年金の額や支給開始時期などの具体的な数字がわかる。

「経過的加算額」とはなに？

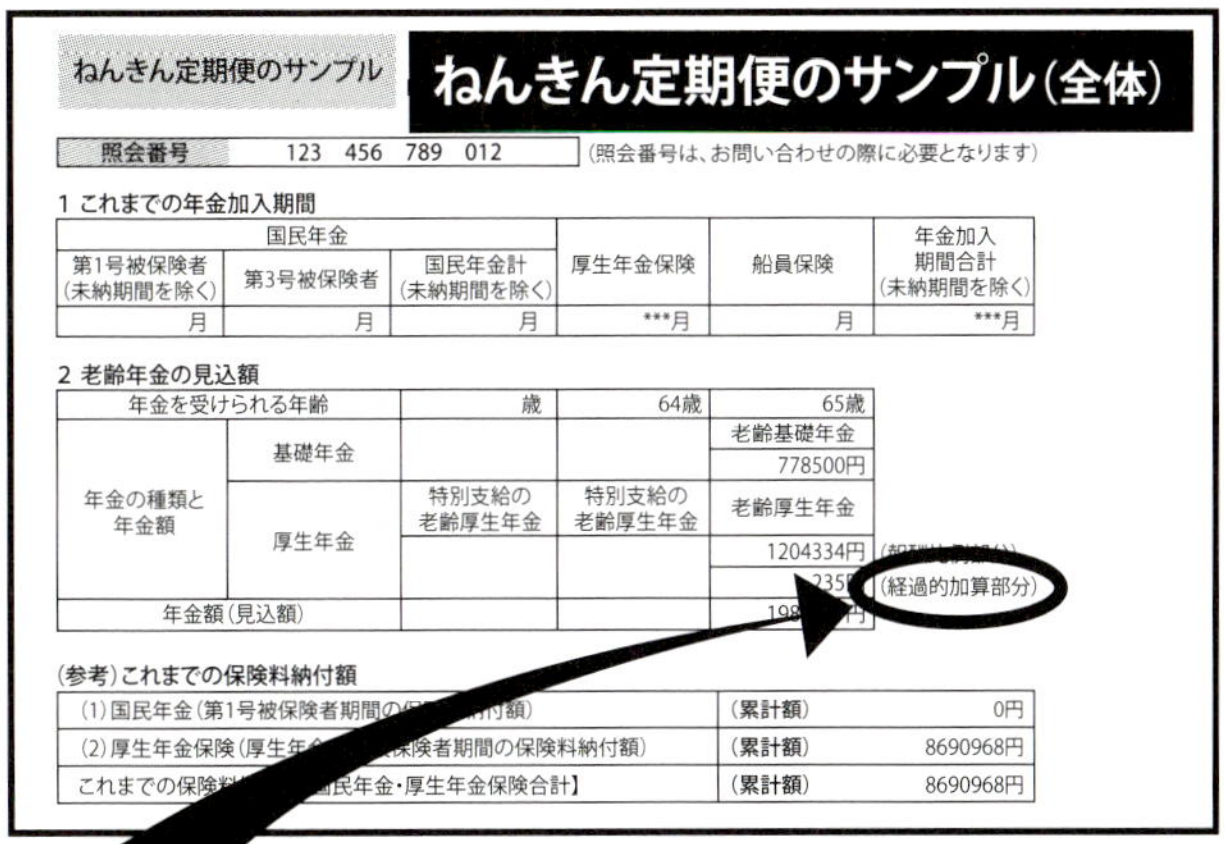

ねんきん定期便のサンプル

ねんきん定期便のサンプル（全体）

照会番号	123　456　789　012

（照会番号は、お問い合わせの際に必要となります）

1 これまでの年金加入期間

国民年金			厚生年金保険	船員保険	年金加入期間合計（未納期間を除く）
第1号被保険者（未納期間を除く）	第3号被保険者	国民年金計（未納期間を除く）			
月	月	月	***月	月	***月

2 老齢年金の見込額

年金を受けられる年齢		歳	64歳	65歳	
年金の種類と年金額	基礎年金			老齢基礎年金	
				778500円	
	厚生年金	特別支給の老齢厚生年金	特別支給の老齢厚生年金	老齢厚生年金	
				1204334円	
				235円	（経過的加算部分）
年金額（見込額）				198 円	

（参考）これまでの保険料納付額

（1）国民年金（第1号被保険者期間の保 納付額）	（累計額）	0円
（2）厚生年金保険（厚生年金 保険者期間の保険料納付額）	（累計額）	8690968円
これまでの保険料 国民年金・厚生年金保険合計】	（累計額）	8690968円

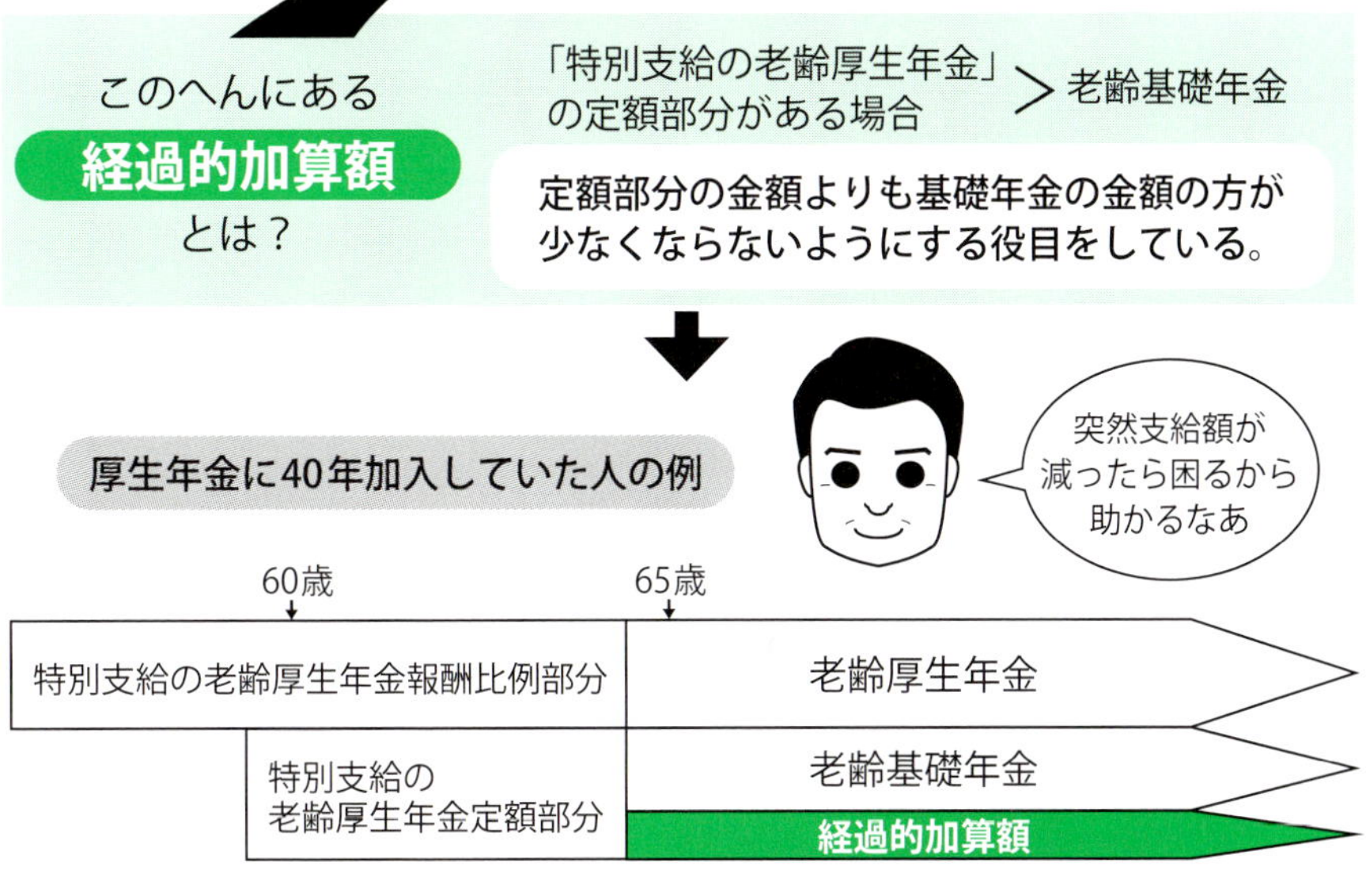

このへんにある
経過的加算額
とは？
「特別支給の老齢厚生年金」の定額部分がある場合
＞老齢基礎年金
定額部分の金額よりも基礎年金の金額の方が少なくならないようにする役目をしている。
厚生年金に40年加入していた人の例
突然支給額が減ったら困るから助かるなあ
60歳
65歳
特別支給の老齢厚生年金報酬比例部分
老齢厚生年金
特別支給の老齢厚生年金定額部分
老齢基礎年金
経過的加算額

い始めた場合の計算で書かれているために、「えっ、こんなに少ししか年金もらえないの!?」とびっくりする人もいるでしょうが、そうではありません。将来の年金額を計算するには、同封されている計算シートを使って、自分で計算してみる必要があります。

★経過措置もある

実際の書類や右上のねんきん定期便の図を見れば、大体いつからいくらもらえるかが分かると思いますが、補足する必要があるとすれば、**「経過的加算額」**という言葉でしょうか。

定額部分と老齢基礎年金は計算方法が違うため、「特別支給の老齢厚生年金」の定額部分をもらっていた人が、65歳になって老齢基礎年金をもらうと、定額部分の金額よりも基礎年金の金額の方が少なくなってしまいます。

その少なくなる部分を補っているのが、「経過的加算額」というわけです。

「手元にねんきん定期便がないからどうしよう」とご心配の方、大丈夫です。ねんきん定期便専用ダイヤルに電話すれば、再度送ってもらうことが可能です。

この機会に是非お確かめください。

★悠々自適な老後の実現性を検証してみる

年金だけで生活できるか？

国のモデルケースの見かた
厚生労働省が示している年金のモデルケース
年収576万円
（ボーナスは年４ヶ月として計算）
国民年金 約78万円（月額約６万5,000円）
厚生年金 約120万円（月額約10万円）
国民年金 約78万円（月額約６万5,000円）
夫婦の合計…月23万円
（厚生労働省試算）
ちょっと待て
入社から退職までの平均年収が576万円というのは高給取りじゃないか？
退職直前ならともかくサラリーマン時代を通して考えたとすると自分の場合はもっと少ないぞ…
…つまり…
国が示しているこのモデルを超えられるのは少数派

★厚労省のモデルケースと比べると…

前項では、ねんきん定期便を参考にしつつ、将来の年金を計算してみました。どうでしたか、あまりの少なさに大声が出そうになりませんでしたか？

厚生労働省が示している年金のモデルケースでは、サラリーマン夫婦を標準的な「モデル世帯」として年金額を示しています。

このモデル世帯の年金額を見てみると、上の図のようになります。皆さんは、この金額と比べてどうでしたか？

★年金だけで生活するのは無理！

モデル世帯の中身を見てみると、現役時代の平均年収は５７６万円となります。これは、サラリーマンの中でもかなり高給取

★POINT★

★厚労省のモデルケースは理想形。実際に年金額だけで暮らしていくのは難しい。

年金だけで生活はできるか？

夫婦の年の差の平均が２歳の場合…

夫60～65歳
妻58～63歳

【夫婦の年金額】
約月10万円

夫65～67歳
妻63～65歳

【夫婦の年金額】
約月16.5万円

夫67歳～
妻65歳～

夫が67歳になる年から
妻も年金をもらえる

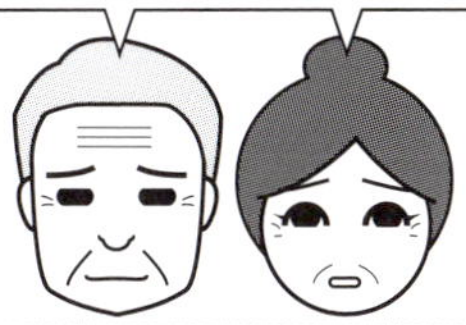
最初からこの額ではないのか

【夫婦の年金額】
約月23.1万円

（平成25年11月時点）

昭和 28 年４月２日以降生まれの人の厚生年金の受給開始年齢

期　間	年齢
平成19年４月１日～平成22年３月31日	63歳
平成22年４月１日～平成25年３月31日	64歳
平成25年４月１日～	65歳

年金の受給年齢は上がっていく

りなのではないでしょうか。

つまり、**国が示しているこのモデルの年金を超えられるのは少数派**と考えられるのです。

しかも、あくまでもこの金額は、夫婦ともに65歳になっていて、はじめてもらえる年金額です。

夫婦の年の差の平均が2歳として、ご主人が来年定年（60歳）なら、上の図のようになるわけです。

どうですか？　年金だけで老後生活していくというのが、いかに夢物語か分かりませんか？

どう考えても、不可能なのです。

しかも、昭和28年4月2日以降生まれの人は、上の図の下の方にあるように、厚生年金部分の年金ですらもらえる年齢が引き上がっていきます。

一応国の方では、定年の年齢を段階的に引き上げるものとしていますが、実際どこまで実施されるかは疑問です。

しかも定年が延長されたとしても、今までと同じ給料を支払わなくてはならないという決まりはありません。

あなたの勤めている会社がどうなっていくのか、とても無関心ではいられないことがお分かりになったはずです。

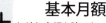

働くと年金が減ることがある

★摩訶不思議な年金制度

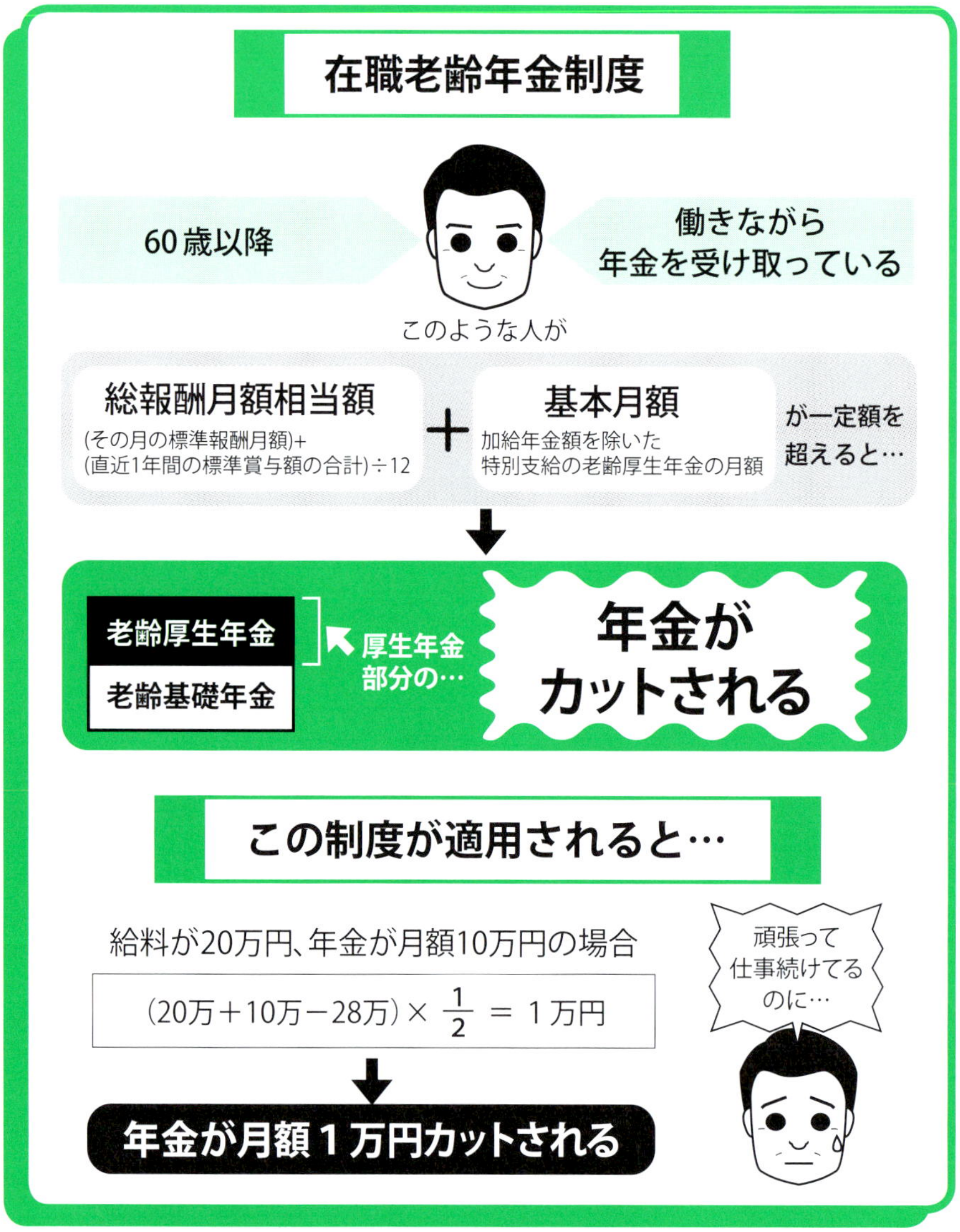
在職老齢年金制度
60歳以降
働きながら
年金を受け取っている
このような人が
総報酬月額相当額
(その月の標準報酬月額)+
(直近1年間の標準賞与額の合計)÷12
+
基本月額
加給年金額を除いた
特別支給の老齢厚生年金の月額
が一定額を
超えると…
老齢厚生年金
老齢基礎年金
厚生年金
部分の…
年金が
カットされる
この制度が適用されると…
給料が20万円、年金が月額10万円の場合
(20万+10万−28万)× 1/2 = 1万円
年金が月額1万円カットされる
頑張って
仕事続けてる
のに…

★頑張るとなぜか年金がカットされる

前項でお分かりのように、どうやら定年後は、年金だけではとても生活していけないようです。

現実的には、定年後、特に60歳から65歳までの間、働かないとどうにもならなそうなことはご理解いただけたと思います。

しかしこの国では、なぜか定年後働いて給料をもらいすぎると、年金が減らされます。

この制度を**「在職老齢年金制度」**といいます。

「在職老齢年金制度」とは、60歳以降働きながら年金を受け取る場合、給料と年金月額の合計額が一定額を超えると、**年金の全部または一部がカットされる**制度です。

具体的には、給料と年金12分の1の合計額が、60歳～64歳で28万円、65歳以上で46万円を超えると年金がカットされます（平

★POINT★

★定年後の給料の額は年金額に影響する。給料の額には注意しよう。

どうなったら年金が一部カットされる？

60歳～64歳　ボーダーラインは28万円

合計額28万円以下	→	年金は全額支給される	
年金額46万円以下＋給料28万円以下	→	基本月額-（総報酬月額相当額+基本月額-28万円）÷2	に減る
年金額46万円以下＋給料28万円超	→	基本月額-総報酬月額相当額÷2	に減る
年金額46万円超＋給料28万円以下	→	基本月額-（総報酬月額相当額+基本月額-28万円）÷2	に減る
年金額46万円超＋給料28万円超	→	基本月額-総報酬月額相当額÷2	に減る

65歳～　ボーダーラインは46万円

合計額46万円以下	→	年金は全額支給される	
合計額46万円超	→	基本月額-(基本月額+総報酬月額相当額-47万円)÷2	に減る

60～64歳のイメージ

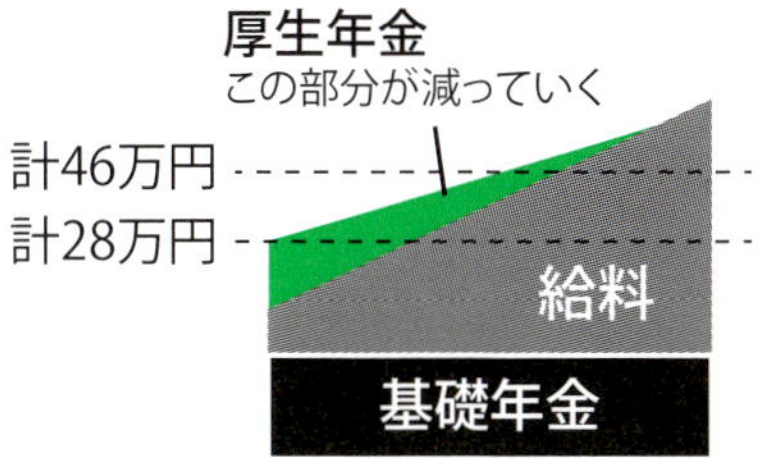
厚生年金
この部分が減っていく
計46万円
計28万円
給料
基礎年金

65歳～のイメージ

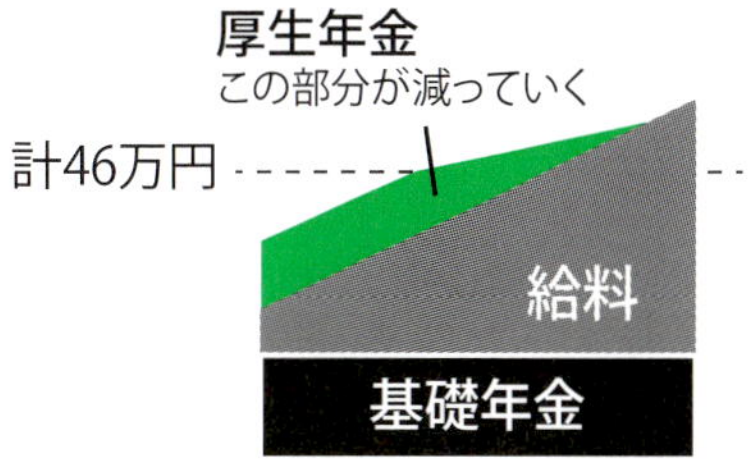
厚生年金
この部分が減っていく
計46万円
給料
基礎年金

成30年度）。

これは逆算すると、60歳～64歳の場合、年金が10万円までの場合は、給料が18万円を超えると年金額が削られる計算になります。

★定年後の働き方には要注意

「月18万円までなら余裕じゃない？」と思われるかもしれません。しかしこれは、**総報酬標準月額ベース**で考えます。つまり、標準報酬月額＋標準賞与額の年間支給額を12で割った金額から計算します。要するに、**年収を12で割った金額相当が少なくなる**のです。

その金額が18万円ということは、**年収が216万円**ということになるのです。

216万円というのは、いざ働いてみると、けっして高すぎるハードルというほどではありません。定年後の働き方については、少し気をつけなくてはいけませんね。

誤解があるといけないので付け加えると、年金がカットされるのは、もちろん年金の受給が始まってからです。60際で定年して年金受給は64歳からであれば、それまで216万円を気にせず働きましょう。

★年金制度には救済措置もある

給付金がもらえることがある

高年齢雇用継続給付

【支給要件】

60歳到達時の給料の限度額が45万1,800円※
（平成23年8月以降）

雇用保険の加入期間が5年以上ある

支給期間は60～65歳未満の最大5年間

育児休業・介護休業給付の支給対象でない

60歳以降の給料が60歳到達時の給料の75%未満で34万4,209円以下※
（※金額は変更される）

60歳以降も継続雇用されて、雇用保険に加入する

60歳到達時の給料は次の計算式により算出される
（60歳到達時前6ヶ月の賃金総額÷180）×30

【定年後の給料にプラスされる額】

60歳以降の賃金額の15%相当額を限度に
60歳以降の賃金額の低下率に応じる

↓

低下率61%未満…60歳以降の賃金額×15%
低下率61%～75%未満…60歳以降の賃金額×低下率に応じ15%より逓減した率

【よくあるパターン】

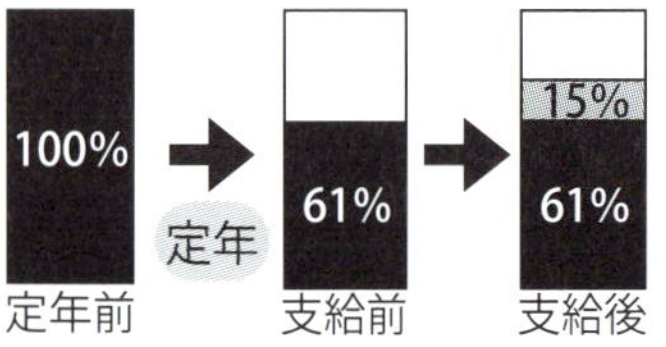

60歳以降の給料が
60歳以前の給料の61%未満の場合

↓

給料の15%が支給される

★年収が落ちた人のための救済制度

前項では、定年後に働く場合、216万円というラインに気をつけようという話をしました。

でも、当然そこまで稼げる人ばかりではありませんよね。なかには、定年前とくらべてお給料がぐっと半分くらいに落ちたという方もいるはずです。

そんな人たちのために、60歳からの給料がそれ以前に比べて減ると、それを補助してあげましょうという制度もあります。

「高年齢雇用継続給付」といい、上の図のようになっています。

うーん、ややこしいですね。

でも単純に考えてください。会社の立場から考えれば、皆さんに払う給料は少ない方がいいですよね。しかも、こんな制度があるのなら、60歳以前の給料の61%よりも少なくしようと思うのが普通です。なので、

★POINT★

★年金は数ある制度のバランス次第で、優しくなったり厳しくなったりする。

併給調整

【給料から引かれる額】

60歳以降の標準報酬月額の割合が
60歳到達時の賃金月額の75％未満の場合

↓

パーセントに応じて在職老齢年金の支給が停止される
（標準報酬月額の６％相当額が限度）

⬇

61％未満…60歳以降の標準報酬月額×６％
61％～75％未満…60歳以降の標準報酬月額の割合に応じ６％より逓減した率

併給調整の例

60歳到達時の給料…48万円

↓

60歳以降の給料…18万円

↓

高年齢雇用継続給付…２万7,000円

↓

60歳到達時の約40％の額 | しかし **併給調整** がある | 限度額は45万1,800円

限度額45万1,800円が給付の上限になる

⬇

在職老齢年金が１万800円支給停止になる

年金１万800円
カットされる部分
年金 24万4800円？
高年齢雇用継続給付 2.7万円
給料 18万円
計45万1,800円

ほとんどの場合で61％未満になっているケースが多いのです。

つまり、**60歳以降、給料の15％が高年齢雇用継続給付からもらえる**と考えればOKなわけです。

★ここでも頑張ると年金が減らされる

しかし、この高年齢雇用継続給付を受け取ると、またも年金が減額されてしまいます。

このことを「**併給調整**」といいます。

この併給調整は、60歳到達時の賃金月額に対する60歳以降の標準報酬月額の割合が75％未満の場合は、そのパーセントに応じて、標準報酬月額の６％相当額を限度にして、在職老齢年金の支給が停止されます。

つまり、60歳以後の賃金額が18万円とすると、60歳到達時の賃金月額は48万円となります。

ただし、限度額が45万１８００円なので、45万１８００円となります。これは60歳到達時の約40％の額なので、在職老齢年金の支給停止額は1万８００円となるわけです。

なんとも複雑な制度がつぎはぎのようになっているのです。

★年金支給を繰上げてもらうとどうなるか

年金を60歳からもらうと…

年金の繰上げ支給

繰上げは1ヶ月単位
1ヵ月早めるごとに0.5%減額

100－0.5 × 繰上げる月数＝支給率(%)

もし1年8ヶ月(20ヶ月)繰上げると… 100－0.5×20ヶ月＝90(%)

昭和16年4月2日以降生まれの人の支給額

繰上げ支給	
受け始める年齢	支給率
64歳	94%
63歳	88%
62歳	82%
61歳	76%
60歳	70%

繰上げ支給例

60歳から老齢基礎年金をもらうとすると → 77万8500円×70% ＝ 年金額 54万4950円
(平成25度)

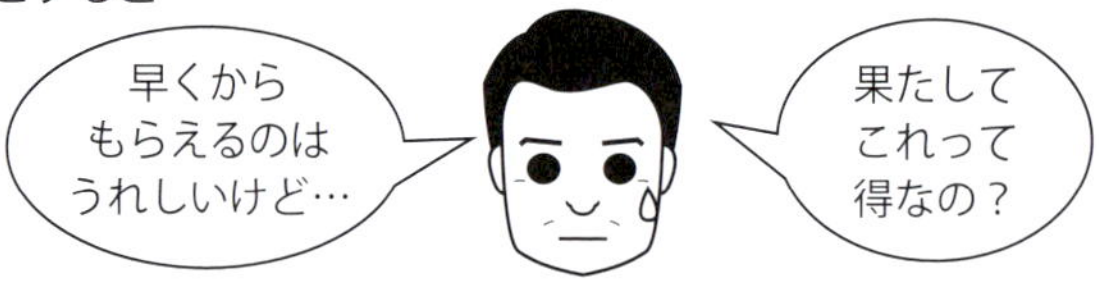
早くから
もらえるのは
うれしいけど…
果たして
これって
得なの？

★繰上げ支給をすると もらえる金額は減る

少ない年金を補う手段として、「本来65歳からしかもらえない国民年金を、早めにもらってしまうのはどうか?」と考える人もいるでしょう。

老後の収入不足を補う策のひとつであることは、間違いありません。

そこで、**国民年金**を早めに受け取るということはどういうことなのかを簡単に整理してみましょう。

国民年金を65歳前にもらうことを、**「繰上げ支給」**といいます。

もちろん、本来65歳からもらえるものを前倒しにしてもらうわけですから、**もらえる金額は減らされます**。

繰上げは1ヶ月単位で、繰上げ1ヶ月あたり0.5%ずつ支給率がダウンしていきます。金額例でいうと、上の図のようになるわけです。

★POINT★

★年金を早くもらい始めることはできるが、デメリットもある。

繰上げ支給は得か？ 損か？

年金受給開始年齢と損益分岐

受給開始年齢	支給率(%)	損益分岐点	損益分岐年齢
60歳	70	16.7	76歳8ヶ月
61歳	76	16.7	77歳8ヶ月
62歳	82	16.7	78歳8ヶ月
63歳	88	16.7	79歳8ヶ月
64歳	94	16.7	80歳8ヶ月

繰上げ受給をした月から16年8ヶ月の間に受給する年金総額 ＝ 65歳で受給を開始して同じ年齢までに受け取る年金総額

損益分岐点は約16.7年

76歳8ヶ月以上長生きすると65歳からもらった方が得になる

繰上げ支給のデメリット

- 障害基礎年金を受け取れない
- 寡婦年金の受給権を失う
- 配偶者が死亡した時、遺族厚生年金との併給はできない

毎月の年金額以外に目が行きがちだけど…

★何歳まで生きるかがカギ

問題はここからです。**早くもらった方が得なのか、損なのか。**

それは、何歳まで長生きするかによって決まります。

上図の上にある表は、繰上げ受給をした月から16年8ヶ月の間に受給する年金総額と、65歳で受給を開始して同じ年齢までに受け取る年金総額が同じになることを意味しています。つまり、76歳8ヶ月以上長生きすると、65歳からもらった方が得になるというわけです。

うーん、こればかりは、判断の分かれるところです。

しかし、この後で一緒に考えていく老後の乗り切りプランの中であわせて考えてみることで、有効に作用する可能性もあります。

また、年金の繰上げ支給には、それ以外に上記のような**デメリット**もあります。繰上げ受給した年齢から65歳になるまでに本人や配偶者にトラブルが起きた場合には、このようになるのです。

ご主人と奥様の年齢差や、生年月日・収入状態を考慮して慎重に行う必要がありますね。

★年金との兼ね合いもあるが…
定年退職で失業保険をもらえる

失業保険の基本

給付の条件

① ハローワークに来所して求職の申込みを行うなどの努力をしているにもかかわらず「失業の状態」にある

＋

② 離職の日以前の２年間に雇用保険の被保険者だった期間が通算12か月以上ある

ただし特定受給資格者・特定理由離職者は別途取り決めあり

日額上限（平成30年8月〜）

45歳以上
60歳未満
8,250円

―

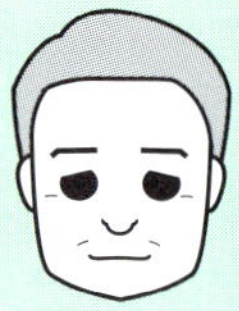

60歳以上
65歳未満
7,083円

給付日数

一般の離職者					
区分 ＼ 被保険者であった期間	１年未満	１年以上５年未満	５年以上10年未満	10年以上20年未満	20年以上
全年齢	―	90日		120日	150日
特定受給資格者及び特定理由離職者					
45歳以上60歳未満	90日	180日	240日	270日	330日
60歳以上65歳未満	90日	150日	180日	210日	240日

特定受給資格者…倒産・リストラなどで離職した人
特定理由離職者…労働契約期間の満了・身体や心身の障害で離職した人など

★定年時の年齢が重要

定年退職した後、失業年金はもらえるのでしょうか。

この点については、60歳から64歳までの方が定年退職した場合と、65歳以上で定年退職した場合で、少し事情が異なります。

★60～64歳の場合

60歳から64歳までの方は、再就職の意思があれば、当然「失業給付の基本手当（失業保険）」をもらうことができます。

ただし、残念ながら**7日間の待機期間**や**90日間の給付制限期間**があるため、定年退職後すぐには支給されません（場合によっては給付制限期間が少ないこともあります）。

しかも、**基本手当の受給手続きをすると、年金の支給が停止されてしまいます**。手続きをしただけで、90日の給付制限期間中、年金はもらえなくなるのです。

★POINT★

★定年後でも失業保険はもらえる。しかし年金がもらえなくなるかもしれない。

定年退職後の失業給付と年金の関係

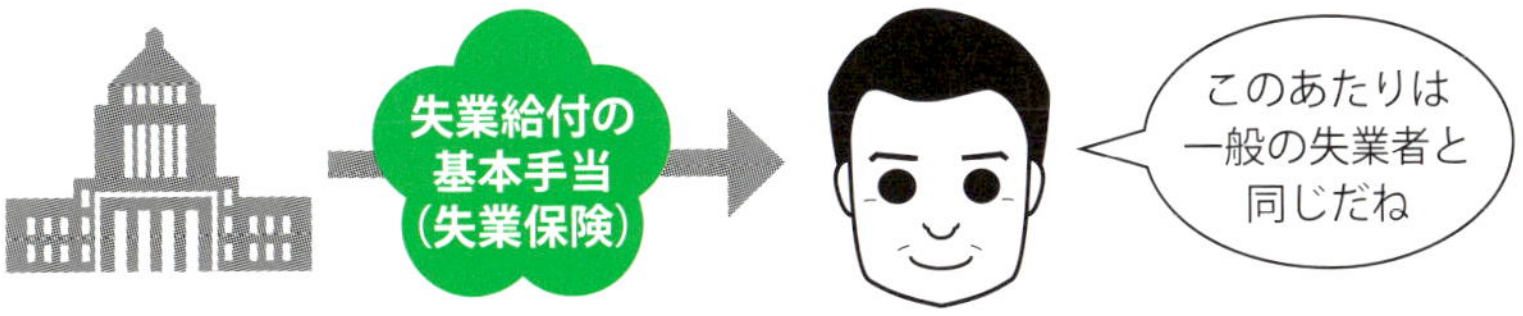

失業給付の基本手当（失業保険）
このあたりは一般の失業者と同じだね

雇用保険に加入していた期間が20年以上ある場合

150日分	上限で6,777円（平成23度） （退職前６ヶ月の平均の給料によって金額が異なる）

150日で101万6,550円

ただし…

↓

失業給付を受給する手続きをすると
90日の給付制限期間の間
年金はもらえなくなる

↓

給付制限期間60日＋支給日数150日＝210日（７ヶ月）

最大210日（７ヶ月）は年金をもらうことができない

とはいえ…

年金が毎月10万円だった場合
７ヶ月×10万円＝70万円

基本手当をもらう方がメリットがある

↓

やっぱり失業給付をもらった方がお得

それでは、基本手当をもらわない方がいいのか？

いやいや、基本手当の日額と年金額とを比較して計算すると、どちらが得か変わってきます。

しかも、年金は税金がかかるのに対して、**基本手当は税金のかからないお金**です。そういった面からもメリットを受けることができる場合があります。

★65歳以上の場合

65歳以上で定年退職する場合は、「高年齢求職者給付金」として、65歳以降に働いた期間が1年未満なら30日、1年以上なら50日分の**一時金が支給されます**。

また、一番の違いは、65歳以後に失業保険をもらっても、年金が支給停止されない点です。つまり**年金も失業保険ももらえる**のです。ということは、例えば65歳に達する前々日に退職すれば、基本手当が支給され、なおかつ年金カットなし。こういうことも可能になります。

しかし、失業保険関係の法律は、刻々と改正されていきます。今の常識が明日の非常識になることもあるので、気をつけてください。

●ミニコラム●

確定拠出年金という新しい年金

★自己責任の年金制度

平成13年、企業年金にかわる制度として、確定拠出年金という制度が始まりました。

それまでの企業年金が「確定給付年金」だとすれば、確定拠出年金は、毎月の掛金が個人ごとに明確に区分されて、掛金とその運用収益との合計額をもとに年金給付額が決定される年金制度です。

簡単に言えば、「掛金は、一定のルールに従って会社が決まった金額を提供します。でもその運用は個人におまかせだから、**もらえる金額がその運用の結果どうなっても会社の関知するところではありません**」という制度なのです。

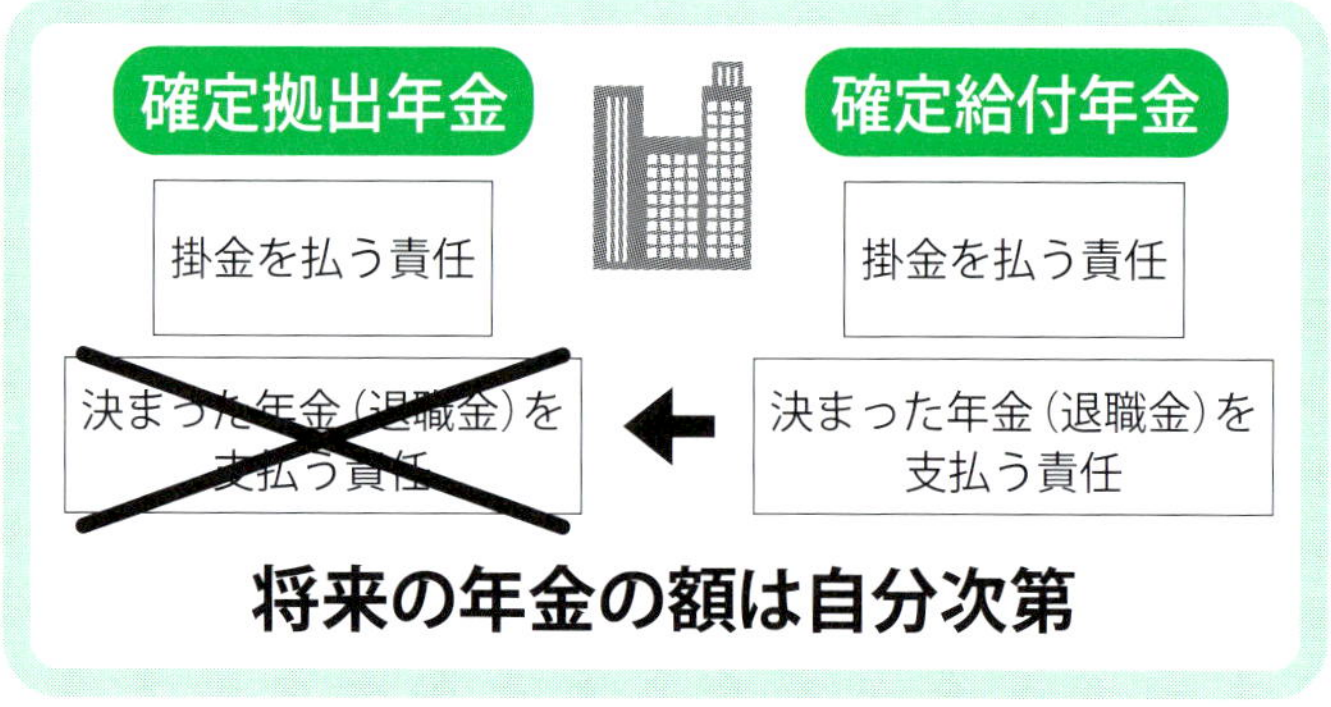
確定拠出年金
掛金を払う責任
決まった年金（退職金）を支払う責任
確定給付年金
掛金を払う責任
決まった年金（退職金）を支払う責任
将来の年金の額は自分次第

確定拠出年金が始まったのは最近のことなので、今この本を手にとっていらっしゃる皆様にとっては、影響は少ないことと思います。

むしろ大切なことは、「確定拠出年金は60歳以上（障害・死亡を除く）でないと受け取れない」ということ。

つまり、中途退職者に支給される退職一時金とは違うという特徴や、加入期間によって受け取り開始年齢が異なることの方が重要かもしれません。

3章
老後のお金をどう準備するか

定年後の具体的な対策をたてる

★やるべきことは3つだけ

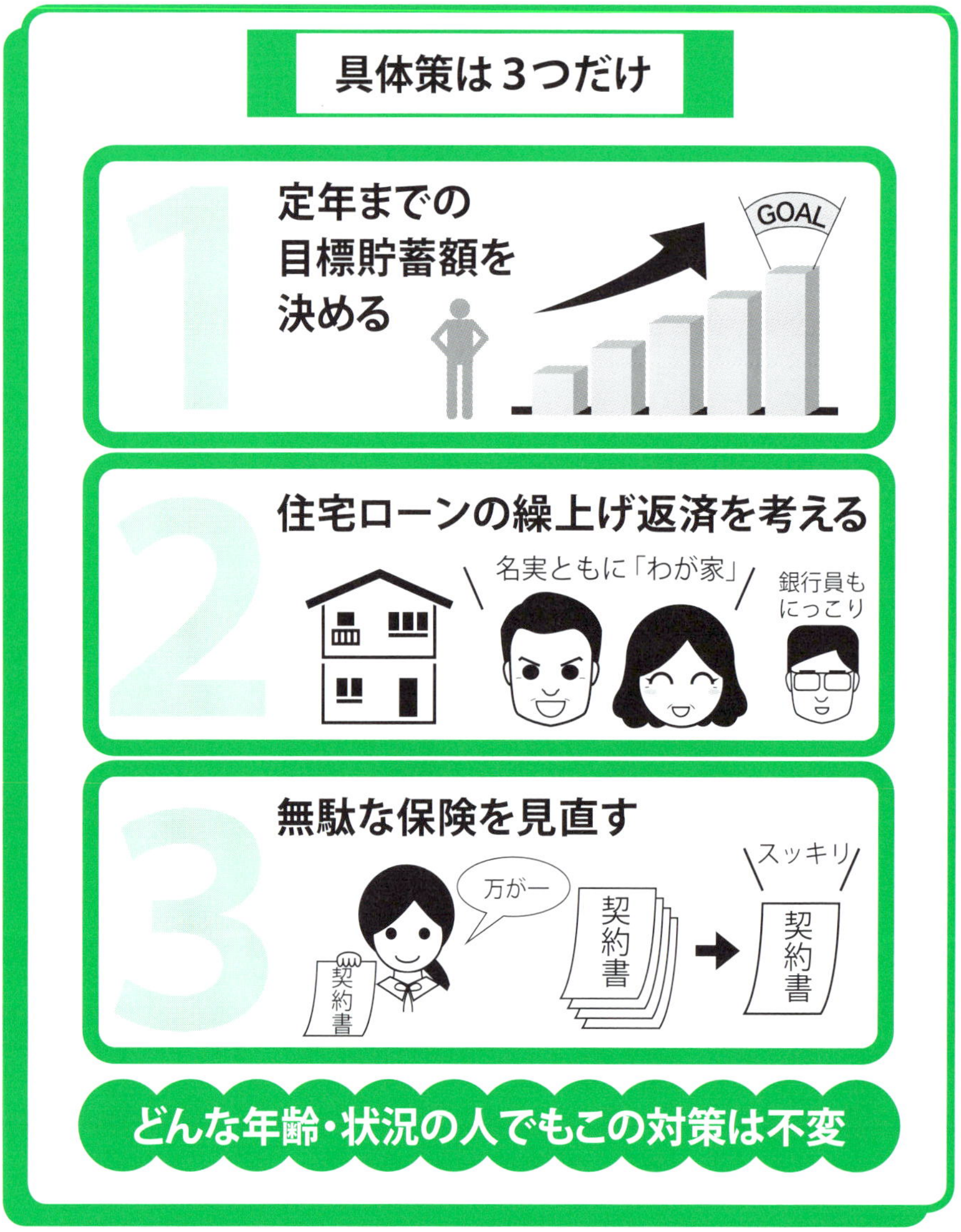
具体策は3つだけ
1
定年までの
目標貯蓄額を
決める
GOAL
2
住宅ローンの繰上げ返済を考える
名実ともに「わが家」
銀行員も
にっこり
3
無駄な保険を見直す
万が一
契約書
スッキリ
契約書
契約書
どんな年齢・状況の人でもこの対策は不変

★真実を見ていこう

3章では、定年後の具体的なお金の対策を見ていきます。

しかし、「老後を守る究極の資産運用術」なんていうハデな話は出てきません。むしろ、そういうものに批判的な話が出てきます。

地味な話が続きますが、実はそういう地味な話の中に、真実が隠れているものなのです。

★対策は3つだけ

さて、具体的には、「定年までにできること」と「定年後にできること」に分けて考えていきますが、定年後にできることは、定年前でも充分できます。

むしろ、なるべく早く取り組んだ方がいいこと、と思っていただければいいのではないでしょうか。

★POINT★

★定年後のために、今から3つの対策で将来に備えよう。

定年までの収入を考えてみる

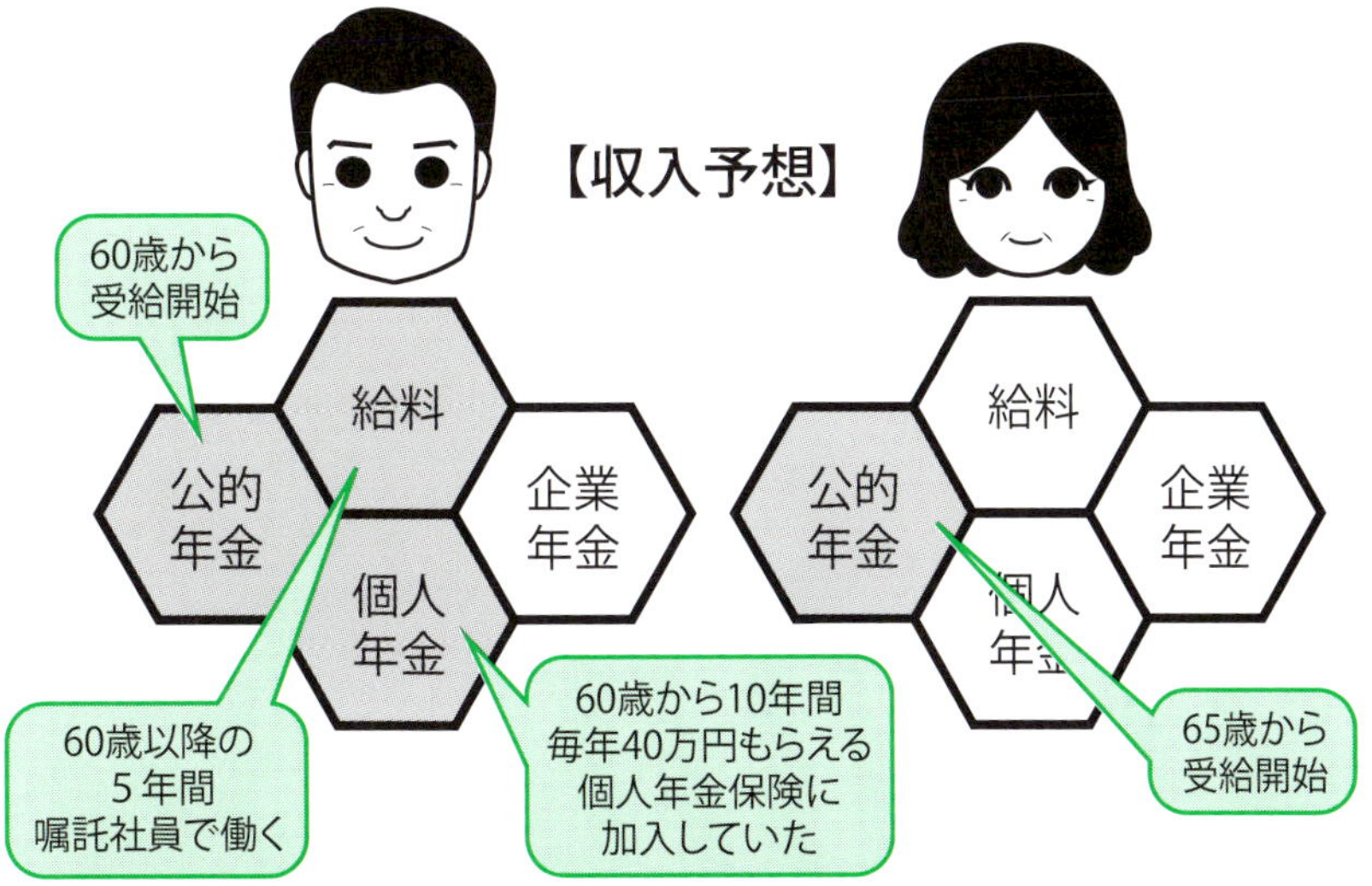

【収入予想】
60歳から
受給開始
給料
公的
年金
企業
年金
個人
年金
60歳以降の
5 年間
嘱託社員で働く
60歳から10年間
毎年40万円もらえる
個人年金保険に
加入していた
給料
公的
年金
企業
年金
個人
年金
65歳から
受給開始

わかっているものを表に書き込んでみよう

		西暦（年度）	2017	2018	2019	2020	2021	2022	2023	2024	2037	2038
年齢	世帯主		60	61	62	63	64	65	66	67	80	81
	配偶者		58	59	60	61	62	63	64	65	78	79
収入	世帯主	収入	180	180	180	180	180					
		公的年金	120	120	120	120	120	237	237	210	210	210
		企業年金										
		個人年金	40	40	40	40	40	40	40	40		
	配偶者	収入										
		公的年金								78	78	78
		企業年金										
		個人年金										
	その他収入											
	収入合計		340	340	340	340	340	277	277	328	288	288

年金を書き込む

年金以外の収入を書き込む

とはいえ、実は対策なんてそんなに数多くないんです。**対策として行うのは、右上の図にある3つ**。たったこれだけ。

意外と思う人もいるでしょうが、この3つはかなり強力な方法ですので、順番に見ていきましょう。

★まずは収入を考える

まずは、定年までの目標額を決めます。収入と支出の2つに分けて、まずは**収入**を見てみましょう。

これは、人によって家族構成も違えば、年金額も違う、生活レベルも違えば、住宅ローンの有無も違います。

ですから、定年までにいくらの貯蓄があった方がいいかは**自分で導き出すしかありません**。

そんな時は、上の図にあるような表をつくることをおススメします。

まずは、ご夫婦それぞれの年齢を横軸に書いていきます。その次に、第2章で計算した年金を書き入れていきます。そしてここで、60歳以降の年金以外の収入を書き入れていきます。

ここまで書いて合計の金額を出せば、時系列的に定年後の収入が見えてきます。

★定年後への対策その1
定年までの目標貯蓄額を決める

定年までの支出を考えてみる
各家庭で違いがあるからこそ把握しておきたい
毎月決まって支出する費用
食費
4万円くらい?
水道光熱費
2万円くらい?
日用雑貨
2万円くらい?
ガソリン代
2万円くらい?
新聞代
5,000円くらい?
町内会費等
5,000円くらい?
回覧板
どれもあんまり減らなそうね
ちょっと難しい項目
住宅ローン
ポイント
今後金利は上がると予測して金額を算出する
住宅維持費
ポイント
固定資産税等にプラスして修繕やリフォームの予定があればそれも書き込む
保険
ポイント
今どんなタイプに加入していて、将来の保険料がどうなるか
契約書

★定年後の支出を考える

この項では、定年後の支出を50ページのシミュレーション表を使って予想してみます。

まずは、生活費を記入していきます。ここでいう生活費は、臨時的な費用以外の、**毎月決まって支出する費用**です。

次に、車の維持費と買い替え費用を書き加えていきます。どんな車も永久に乗れるわけではありませんから、いつ、いくらの予算を組むかはかなり重要だと思われます。

ここからが少し難しくなってきます。

まずは、**住宅ローンと住宅維持費**です。

住宅ローンは、今の返済額を書けばいいのかというと、そうではありません。変動金利で借りている人は、金利が変動すると、返済額が変わってしまいます。

私ならこういう場合、**必ず金利が上がる**と予測して、金額を算出します。上がると予測しておいて、上がらなければラッキーって思えばいいだけのことですから。

★POINT★

★定年までにやりたいこと・すべきことを考えれば準備する金額が見えてくる。

ハッピーな支出も考えて仕上げる

何度も行きたくなる
海外旅行

意外と額が大きくなりがち
孫への援助

回を重ねるごとに増えていく
ゴルフ関連費

予想できるものすべてを表に書き込んでみる

↓

	西暦（年度）	2017	2018	2019	2020	2030	2031
年齢	世帯主	60	61	62	63	73	74
	配偶者	58	59	60	61	71	72
支出	生活費	174	174	174	174	174	174
	車輛維持費・買い替え費	29	17	167	17	17	27
	住宅ローン返済	120	120	120	120	120	
	住宅維持費	12	12	12	12	12	12
	生命保険料	60	60	60	60	60	60
	子ども関連費	10	10	10	10	22	22
	税・社保	71	55	36	37	19	19
	その他支出	41	41	41	41	41	41
	使途不明金						
	支出合計	**517**	**489**	**620**	**471**	**465**	**355**

↓

収入の合計から支出の合計を引き、毎年の収支の結果を合計すると…

それが

定年までに準備しなくてはいけない貯蓄額

また、維持費の方は、固定資産税と、修繕やリフォームの予定があれば書き加えていくのが大切です。

難しい項目の2つめは**生命保険**です。更新タイプの生命保険に加入している場合、人によっては、将来の生命保険料が今より増えることがあります。

今どんなタイプに加入していて、将来の保険料がどうなるのか。この機会に是非正確に把握されることをおススメします。

★ハッピーな支出も考える

ここからは、老後を想像してみてください。その他の支出として、海外旅行に行きたいだとか、遊興費や子どもや孫への援助等、考えると**少しハッピーになりそうな計画の支出**を書いてみましょう。

ここまで書き上げれば、老後の支出が時系列に分かってきます。多くの人は、赤字になる年の方が多いでしょう。

あとは仕上げです。収入の合計から支出の合計を引きます。そして毎年の収支の結果を合計すると、定年後足りない金額の合計額が出てきます。

そう、この金額こそが**定年までに準備しなくてはいけない貯蓄額**となるわけです。

★どのようにして目標をクリアするか
目標額がわかったらすること

※この表のデータは以下のアドレスからダウンロードできます。
http://www.saiz.co.jp/teinen/zukaiteinen-excel.xls
【Sheet2】がシミュレーション表です。

	2032	2033	2034	2035	2036	2037	2038	2039	2040	2041	2042
	75	76	77	78	79	80	81	82	83	84	85
	73	74	75	76	77	78	79	80	81	82	83
	206	206	206	206	206	206	206	206	206	206	206
	79	79	79	79	79	79	79	79	79	79	79
	285	285	285	285	285	285	285	285	285	285	285
	174	174	174	174	174	174	174	174	174	174	174
	12	12	12	12	12	12	12	12	12	12	12
	60	60	60	60	60	60	60	60	60	60	60
	22	22	22	22	22		10		10		10
	18	18	22	21	21	21	21	21	21	21	21
	41	41	41	41	41						
	327	327	331	330	330	267	277	267	277	267	277
	-42	-42	-46	-45	-45	18	8	18	8	18	8
	-2630	-2672	-2718	-2763	-2808	-2790	-2782	-2764	-2756	-2738	-2730

2022年からは285万円で固定

定年までに用意する額

住宅ローンは2029年に完済

単位：万円

★現実的な対策は支出を減らすこと

準備しなければならない金額が分かったら、あとはその貯蓄額をどうやって準備するのか、準備できるのかを検討すればいいだけです。

現状の貯蓄額、退職金の金額を差し引きして足りなければ、その金額がいくらなのかをはっきりさせます。

どうですか？ 計算できましたか？ 定年までに準備できそうな金額でしたか？

「もう少し早く気づいて計算していれば」なんて声も聞こえてきそうです。

しかし、現実問題、どう計算しても「こんな金額準備できない」という場合は、どうすればいいのでしょうか？

収入を増やすことも大事ですが、不確定要素が多すぎますよね。

だとすれば、**支出を減らす**というのが現実的な方法です。

★POINT★

★まず生活に支障のない部分から支出を見直して、目標額に近づこう。

定年後の収支シミュレーション表例

		西暦（年度）	2017	2018	2019	2020	2021	2022
年齢		世帯主	60	61	62	63	64	65
		配偶者	58	59	60	61	62	63
収入	世帯主	収入	180	180	180	180	180	
		公的年金	121	121	121	121	121	245
		企業年金						
		個人年金	40	40	40	40	40	40
	配偶者	収入						
		公的年金						
		企業年金						
		個人年金						
		その他収入						
		収入合計	**341**	**341**	**341**	**341**	**341**	**285**
支出		生活費	174	174	174	174	174	174
		車輛維持費・買い替え費	29	17	167	17	17	17
		住宅ローン返済	120	120	120	120	120	120
		住宅維持費	12	12	12	12	12	12
		生命保険料	60	60	60	60	60	60
		子供関連費	10	10	10	10	10	22
		税・社保	71	55	36	37	37	28
		その他支出	41	41	41	41	41	41
		使途不明金						
		支出合計	**517**	**489**	**620**	**471**	**481**	**474**
		年間収支	-176	-148	-279	-130	-140	-189
		金融資産						
		資産残高合計						
		赤字分	-176	-324	-603	-733	-873	-1062
		住宅ローン残高合計	-1406	-1308	-1208	-1107	-1004	-900

配偶者の年金は2024年から支給開始

年間収支を足していく

★まずは生活レベルに関係ない支出を見直す

そこで、遊興費を少し見直していただくのは大切なのですが、ここで間違って一番金額の大きな生活費を削る人がいるのでいけません。

1章（8・9ページ）でも説明した通り、生活費というのは、思ったほど簡単には下がらないものです。実際にできないことを前提にしても、絵に描いた餅になってしまいます。

もちろん、どうしてもお金が捻出できなければ否応なしに削りますが、まずは**生活レベルに関係のない支出から見直していく**のがセオリーだと考えます。

「生活レベルに関係のない支出ってなんだ？」と思った人も多いでしょうね。

簡単に言えば、目に見えない支出。つまり、ここでは**住宅ローン**と**生命保険**があげられるのです。

特に住宅ローンは、ここ近年大幅に金利が低下しました。生命保険も窓口販売、通信販売等、さまざまな商品が出てきています。

この2つの項目については、次項から詳しく見ていきましょう。

★定年後への対策その2
住宅ローンの繰り上げ返済

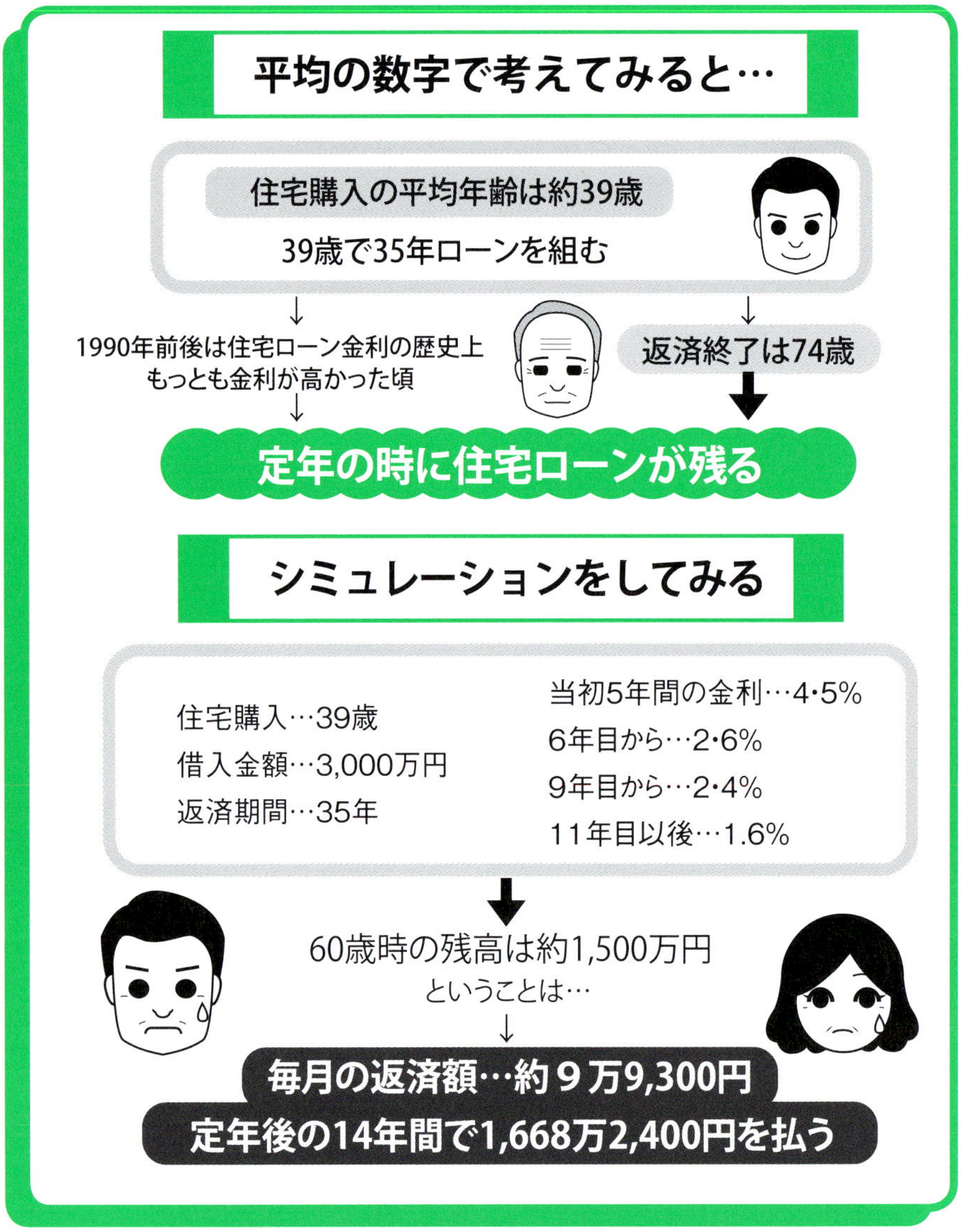
平均の数字で考えてみると…
住宅購入の平均年齢は約39歳
39歳で35年ローンを組む
1990年前後は住宅ローン金利の歴史上
もっとも金利が高かった頃
返済終了は74歳
定年の時に住宅ローンが残る
シミュレーションをしてみる
住宅購入…39歳
借入金額…3,000万円
返済期間…35年
当初5年間の金利…4･5%
6年目から…2･6%
9年目から…2･4%
11年目以後…1.6%
60歳時の残高は約1,500万円
ということは…
毎月の返済額…約９万9,300円
定年後の14年間で1,668万2,400円を払う

★多くの人は定年時にローンが残っている

住宅購入の平均年齢は約39歳。39歳の時に35年ローンを組んで住宅を購入した場合、当然返済終了は74歳。とっくに定年を過ぎてしまっています。

多くの方は、**普通に払っていれば、定年の時に住宅ローンが残っているはず。**

特に、もうすぐ定年を迎える皆様が住宅を購入されたのは、１９９０年前後。住宅ローン金利の歴史の中でもっとも金利が高かった頃だろうと思います。

住宅金融公庫を利用し、ゆとり返済から始まり、その後民間の金融機関に借り替えてといった返済の歴史をたどってきたのではないでしょうか？

ある意味、もっとも住宅ローンを払った年代が、もうすぐ定年を迎える方々だといっても過言ではないかもしれません。

そんな皆さんの住宅ローンは、上の図の

繰上げ返済の効果

住宅ローンの繰上げ返済をしなかった場合

		西暦（年度）	2017	2018	2019	2020	2040	2041	2042
年齢	世帯主		60	61	62	63	83	84	85
	配偶者		58	59	60	61	81	82	83
支出合計			**517**	**489**	**620**	**471**	**277**	**267**	**277**
年間収支			-176	-148	-279	-130	8	18	8
資産残高合計									
赤字分			-176	-324	-603	-733	-2756	-2738	-2730
住宅ローン残高合計			-1406	-1308	-1208	-1107			

住宅ローンの繰上げ返済をした場合

西暦（年度）	2017	2018	2019	2020	2040	2041	2042
支出合計	**1900**	**369**	**500**	**351**	**277**	**267**	**2[illegible]7**
年間収支	-1559	-28	-159	-10	8	18	[illegible]
資産残高合計							
赤字分	-59	-87	-246	-256	-1079	-1061	-1053
住宅ローン残高合計	0						

2730-1053＝1677　→　この分の金利が安くなる

1500万円の繰上げ返済で…

約170万円の節約効果

★POINT★

★繰上げ返済の効果は高い。教育費のピークを越えたら検討してみよう。

ような感じではないでしょうか？

このシミュレーションで、一度も繰上げ返済をせずにいた場合、60歳の定年時の残高が、なんと約1500万円も残っていることになります。

うーん、すごいですね。21年間でまだ半分しか返していないことになるんです。

このシミュレーションだと、毎月の返済額が約9万9300円。ということは、この先14年間、1668万2400円を払うことになります。

★繰上げ返済ができれば老後が変わる

もう話は分かりますよね。

もし60歳の段階で1500万円以上の貯蓄があれば、計算すると繰上げ返済は、約170万円の節約効果が出てきます。

前項の表を使うと、上記のような感じです。

当然、繰上げ返済は早めに行った方が、利息を軽減できる効果は大きくなります。

教育費のピークが過ぎるまでは、積極的な繰上げ返済はおススメしませんが、それ以降であれば、繰上げ返済を早めにすることで老後の状況はかなり変わってきます。

★定年後への対策その3

無駄な保険を見直す

保険を考えるときのポイント

老後に必要な保障とはなにか？

↓

保険 見直しのポイント①	保険 見直しのポイント②	保険 見直しのポイント③
最大のリスクは何か	**無駄な保険になっていないか**	**老後の医療保険は必要か**
↓	↓	↓
最大のリスクは長生きのリスク	昔入った生命保険が「無駄な保険」になってしまっていないか	心配なら加入してもいいのでは？
↓	↓	↓
病気と介護は避けられない	更新を機に加入者に不利な保険をすすめられることもあるので注意！	医療保険はリスクヘッジという保険要素が低い商品
↓		↓
重要なのは無駄な支出を極力減らすこと		シンプルな割安の保険がおススメ

↓

最後は

長生きのリスクに備えて
いかに今手元にある資産を振り分けていくか

★もしかしたら保険はいらないかもしれない

年をとると、体は昔のようには動きません。当然自分の体調にも自信がなくなってきます。そこにつけこむように、生命保険の営業マン・セールスレディーがやってきます。

同時に、**保険料はかなり高額**になります。減らすのは不安、だからといってこのまま定年後も払い続けることなんてできない。そんな方も多いのではないでしょうか。

私のところにも、連日多くの定年間際のお客様がご相談にみえます。

その方々のお話をうかがっていて思うことは、人生における最大のリスクである「長生きリスク」への対策は、結局、**無駄な支出を極力減らす**ことです。そのためなら、極端な話、**保険なんかいりません**。

もちろん、人によっては必要という方もいらっしゃいますが、「昔入った保険がその

★POINT★

★保険料の総額はかなり高額になる。
「今の自分」に合った保険以外は必要ない。

保険見直しの効果

保険の見直しをしなかった場合

	西暦（年度）	2017	2018	2019	2020	2040	2041	2042
年齢	世帯主	60	61	62	63	83	84	85
	配偶者	58	59	60	61	81	82	83
支出合計		1900	369	500	351	277	267	277
年間収支		-1559	-28	-159	-10	8	18	8
資産残高合計								
赤字分		-59	-87	-246	-256	-1079	-1061	-1053
住宅ローン残高合計		0						

保険の見直しをした場合

	西暦（年度）	2017	2018	2019	2020	2040	2041	2042
年齢	世帯主	60	61	62	63	83	84	85
	配偶者	58	59	60	61	81	82	83
支出合計		1849	318	449	300	226	216	2[illegible]6
年間収支		-1508	-23	-108	41	59	69	[illegible]
資産残高合計								
赤字分		-8	15	-93	-52	145	214	273
住宅ローン残高合計		0						

1500万円の繰上げ返済後、保険を見直して、
保険料を夫婦2人で月額5万円から7,500円にしたら…

約1326万円の節約効果

ままになっている」というケースも多いと思います。

加入から長時間経過した保険には、現在の状況に合わずに無意味になってしまっているものも多くあります。そのような保険は、1日でも早く解約することをおススメします。

★「専門家」には注意！

生命保険の見直しにしろ、前項の住宅ローンの繰上げ返済にしろ、とても**当たり前のこと**です。しかし、こんな当たり前のことをアドバイスする専門家がほとんどいません。

私のお客様の中には、銀行に住宅ローンの繰上げ返済を依頼しに行ったのに、「その繰上げ返済の財源で、投資信託を購入した方が有利ですよ」と言われて、投資信託を購入した方がいます。結果どうだったでしょうか。ご想像におまかせします。

そんなことを平気でアドバイスする金融機関職員が専門家とは、とても思えません。

金融機関・保険会社は、数年前から団塊世代の退職金を手ぐすね引いて待ち構えています。どうか、そんな資本主義の餌食になるような行動をとるのはおやめください。

★将来への不安を少なくする方法

貯蓄を3つに振り分ける

「短期」60〜65歳で使うお金

定年後・年金前の空白の５年間

短期 60〜65歳 → 中期 65歳〜70代前半 → 長期 70歳中盤以降

比較的短い期間だが…　**収入が少なく、支出が多い期間**

西暦（年度）			2017	2018	2019	2020	2021	2022	2023
年齢	世帯主		60	61	62	63	64	65	66
	配偶者		58	59	60	61	62	63	64
収入	世帯主	収入							
		公的年金	121	121	121	121	121	245	245
		企業年金							
		個人年金	40	40	40				
	収入合計		161	161	161				
	支出合計		517	489	620	471	481	474	479
	年間収支		-356	-328	-459	-310	-320	-189	-194
	赤字分		-356	-684	-1143	-1453	-1773	-1962	-2156
	住宅ローン残高合計		-1406	-1308	-1208	-1107	-1004	-900	-793

【短期】
定年後の収入がない場合は赤字になりがち

注意ポイント　退職金
まとまったお金が手に入るために、変な資産運用に手を出してしまったり目的のない保険商品を買わされてしまいがち。要注意！

★不安への対策は結局、計画を立てること

定年になって、一番大きな変化は、やはりお金が入ってこないということでしょう。今まで毎月入ってきた収入が、ある日突然なくなる。これは恐怖以外のなにものでもありません。

不安をなくすことはできません。しかし、不安を少なくする方法はあります。それは何かと言えば、月並みですが、**計画を立てる**ということなのです。

定年後の生活は、くどいようですが、ストック（貯蓄）の活用です。私は、大きく分けて、その貯蓄を**「短期」「中期」「長期」に振り分ける**ことをおススメしています。

★割り当てを考えてみる

「短期」は60歳から65歳の定年後・年金前の空白の5年間に充当するお金をさしてい

★POINT★

★定年後は長い。3つの時期の特徴を理解して、貯蓄の使い方を考えよう。

「中期」65歳〜70代前半で使うお金

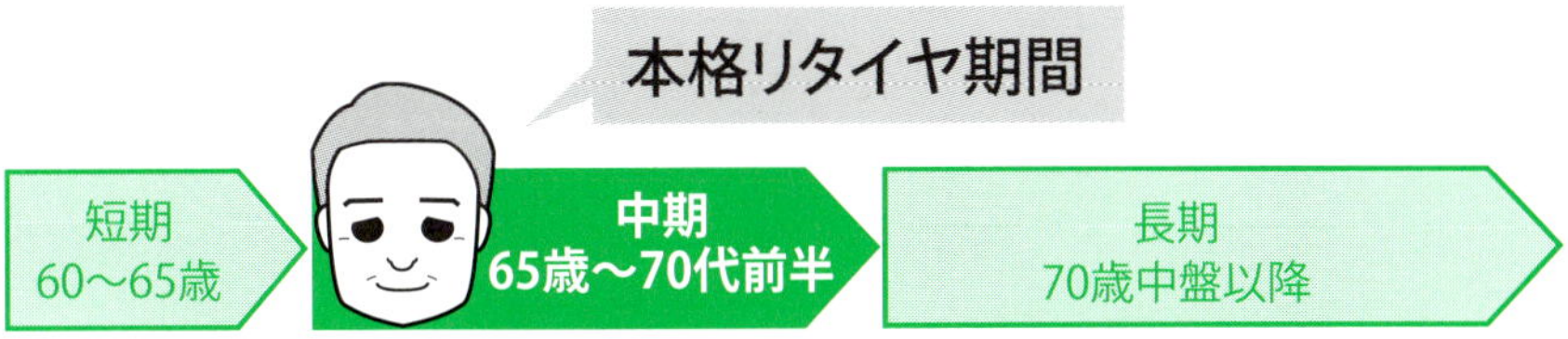

年金生活に慣れて、支出も落ち着いてくる時期

注意ポイント

病院へかかる頻度が高くなる時期。
医療費という突発的な支出に対応できるように貯蓄の取り崩し計画を組むべき。

「長期」70歳中盤以降で使うお金

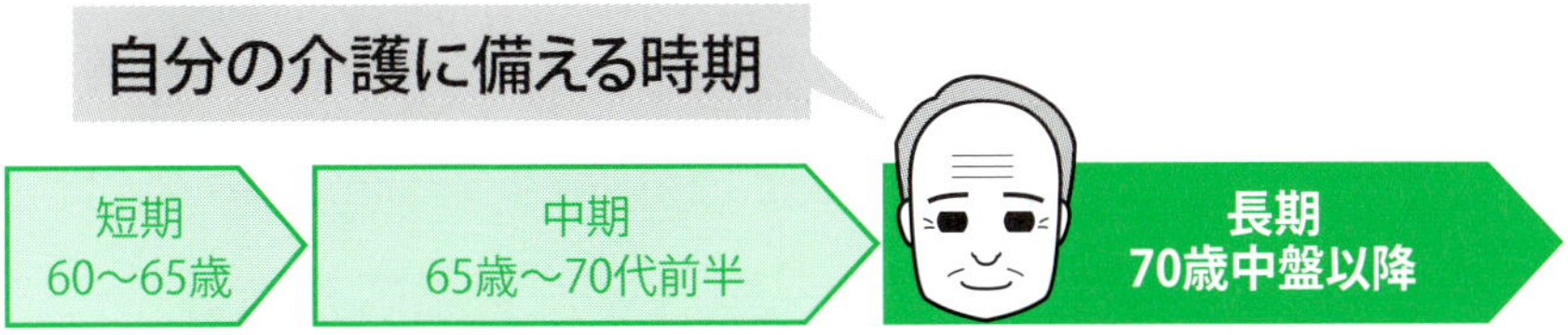

心身+お金について老いの準備をする期間

注意ポイント

場合によっては、資産運用や保険商品での運用・準備を試みてもいいが、お金の目的が自分の介護費用だということは忘れてはいけない。

ます。

実は、定年後・年金前のこの5年間は、収入が少なく支出が多い、とても厄介な期間です。

この期間に、退職金をヘンな資産運用に回してしまったり、目的のない保険を買わされてしまいがちなので、ご注意ください。

次に、**「中期」**とは、65歳から70代前半までの期間をさしています。言い換えれば、本格リタイヤ期間です。

年金生活にだんだんと慣れて、支出も落ち着いてきます。

しかし、この頃になると、病院へかかる頻度が高くなってきます。医療費という突発的な支出に対応できるように、貯蓄の取り崩し計画を組まなくてはいけません。

また、この頃になると、詐欺まがいの話にひっかかる人が増えてきます。くれぐれもお気をつけください。

最後に**「長期」**です。これは70歳中盤以降、悲しい話ですが、自分の介護に備えるお金です。どのくらい介護費用がかかるのかを考え、元気なうちに備えておくべきです。

各時期にどのくらいの貯蓄を割り当てていくのか、計算できましたか?

一度、短期にいくらぐらい、中期にいくらぐらいという見積もりをしてみましょう。

●ミニコラム●

老後のお金に対して資産運用は有効か？

★資産運用についての考え方

昨今は、銀行・郵便局どこに行っても、資産運用の宣伝を見かけないことはありません。

それでは、老後のお金に対して、資産運用は本当に有効なのでしょうか？

資産運用の基本は…

分散投資　**長期投資**　**リバランス**

↑

老後の投資は
この基本からそれてしまっている

資産運用の基本は上の３つなのですが、定年後の資産運用は、長期投資という部分で、すでに運用の基本からそれてしまいます。

また、定年後は基本収入が少なくなりますから、現役時代よりも危機耐性が弱くなっています。

つまり、 何かあった時に、運用を中止してすぐに現金化しなくてはいけない場面も想定しておかなくてはいけません。

結論として、**あまりおススメできない**のです。

しかし、どうしてこんなに資産運用が話題になるかといえば、それは、時に購入者が不利になるような金融商品を、金融機関が販売することがあるからです。

パッと見ると「これはいい」と思えるパッケージなので、うっかり手を出してしまわないようにしてください。

4章
定年後の保険をどう考えるか

Insurance after retirement

定年後の**保険**をどう考えるか 1

★保険の面から健康への保障を考える

定年後の健康保険の入り方

定年後の選択肢は3つ

定年後は
自分で選ぶのか

① 任意継続被保険者	②国民健康保険の被保険者	③家族の被扶養者になる	特例退職被保険者※

※特例退職被保険者については該当者が少ないので、ここでは割愛します

①任意継続被保険者になる

退職日の翌日から最長で２年間
退職前の会社の健康保険に継続加入できる

健康保険の被保険者期間が継続して２ヶ月以上あること	要件	資格喪失日（退職日の翌日）から20日以内に申請手続きをすること

ただし保険料は100%負担することになる

会社員時代は
会社と個人の折半

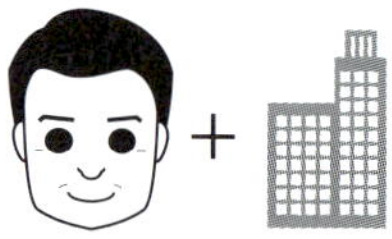

保険料算出に用いる標準報酬月額は、「退職前」と「任意継続被保険者になる健康保険の加入者の平均」を比較し、低い方を用いる
＋
政府管掌健康保険の全加入者の標準報酬月額28万円（平成23年４月）であることを考えると…
↓
おおよそ毎月の保険料は３万円前後

★会社の傘の下から出た後、どうする？

会社を退職するということは、「今まで私たちを守ってくれていた会社の傘の下から外れる」ということを意味します。

その一つが、**健康保険**です。

今までは、会社の健康保険制度に加入すると給料から保険料が天引きされて、会社が保険料の半額を負担してくれたので、何も考えずにすみました。しかし、定年退職後は自分で判断していかなくてはいけないのです。

定年を迎えたら、会社の健康保険からは出て行かなくてはいけません。それは、ハッキリしています。でも、出ていって、次はどこに入ればいいのでしょうか。

もちろん、再雇用された場合や、再就職した場合は、また働き出した会社の健康保険に加入すればいいわけですから、今回は**働かない場合**を考えていきましょう（働い

★POINT★

★サラリーマンは、まずは任意継続被保険者になるのがおススメ。

②国民健康保険の被保険者になる

保険料は地方自治体によって計算式や料率が違うが、一般的には

国民年金の保険料 ＞ 任意継続被保険者の保険料

でも定年後20日以内に手続きしないといけないんでしょ？

時間がないよ！

→ **時間がない場合は、とりあえず任意継続被保険者の権利を確保しよう**

→ 任意継続被保険者の保険料は毎月納付
↓
保険料を納めなければ、その時点で資格を失う
↓

まずは任意継続被保険者の資格を手に入れて、
その後じっくりと比較検討してから、どちらかを選択すればいい

③家族の健康保険の被扶養者になる

保険料の負担はゼロ
扶養にした側も税金が安くなる

年収が130万円未満（60歳以上の場合は180万円未満）	**要件**	年収が被保険者の年収の半分未満であること

75歳で後期高齢者医療制度に加入するまで
被扶養者でいられる

ていても労働時間や年収等の条件により加入できない場合もあります）。

定年退職後の健康保険制度には、上の図の通り、大きく分けて3つの選択肢があります。

★おススメはこれ

①の任意継続被保険者手続きを行えば、保険料は高くなりますが、退職後も働いていた時とほぼ同じ保障を受けることができます。保険料は高くなりますが、上限が設けられています。

②の国民健康保険に加入すると、①と同じく保険料が上がります。しかも、自分で支払う保険料は①よりも高くなります。

私は、**まず①の任意継続被保険者を選び、その後で②を検討する**ことをおススメします。

そして③ですが、家族の被扶養者になれば、保険料の負担はゼロ。しかも、扶養にした側は所得税・住民税の**扶養控除**が増えるので、税金も軽減されます。

しかし、被扶養者になるためには上の図のような要件があります。また、たとえ被扶養者となっても、介護保険や後期高齢者医療制度から逃れることはできません。

後期高齢者医療制度を知る

★いずれは必ずお世話になる制度

75歳からの健康保険制度

後期高齢者医療制度
74歳までの制度と
完全に切り離されている

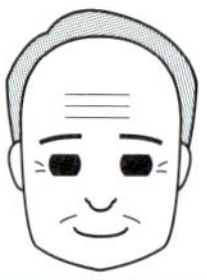

対象は75歳以上
＋
一定の障害がある
65歳以上75歳未満の人

医療を受ける側として見ると…

窓口負担の割合	
75歳以上…１割（現役世代並みの所得の人は３割）	
70~74歳	…２割
70歳未満	…３割

かなりお得
しかもさらに安くなる
↓

75歳以上の医療費の自己負担限度額

被保険者の所得区分		自己負担限度額 外来（個人ごと）	自己負担限度額 外来・入院（世帯）
①現役並み所得者（標準報酬月額28万円以上で高齢受給者証の負担割合が3割の人）		44,400円	80,100円+(医療費-267,000円)×1% [多数該当：44,400円]
②一般所得者（①および③以外）		12,000円	44,400円
③低所得者	II （I以外の人）	8,000円	24,600円
	I （年金収入のみの場合、年金受給額80万円以下等の人）		15,000円

★メリットもあるが問題は保険料

後期高齢者医療制度は２００８年から施行された制度です。当初は賛否両論があり、今後もどのような変更が加えられるか、分からない部分もあります。

ですが、将来いずれはお世話になる制度です。ここで概要だけ、簡単につかんでおきましょう。

この制度は、簡単に言えば、高齢化が進んだことで、**75歳以降の高齢者**の方々の医療費を国や自治体が支えきれなくなったというところからスタートしています。

利用者として考えた場合は、**窓口負担は原則１割**（現役世代並みの所得の方は３割）なので、そんなに大きな負担を伴うような気がしません。

問題はどちらかと言えば、その保険料ではないでしょうか。なかには、かなり高額になるケースがあるために、マスコミから

★POINT★

★医療費は1割負担でいい。しかし保険料はずっと支払い続ける必要がある。

後期高齢者医療制度の保険料

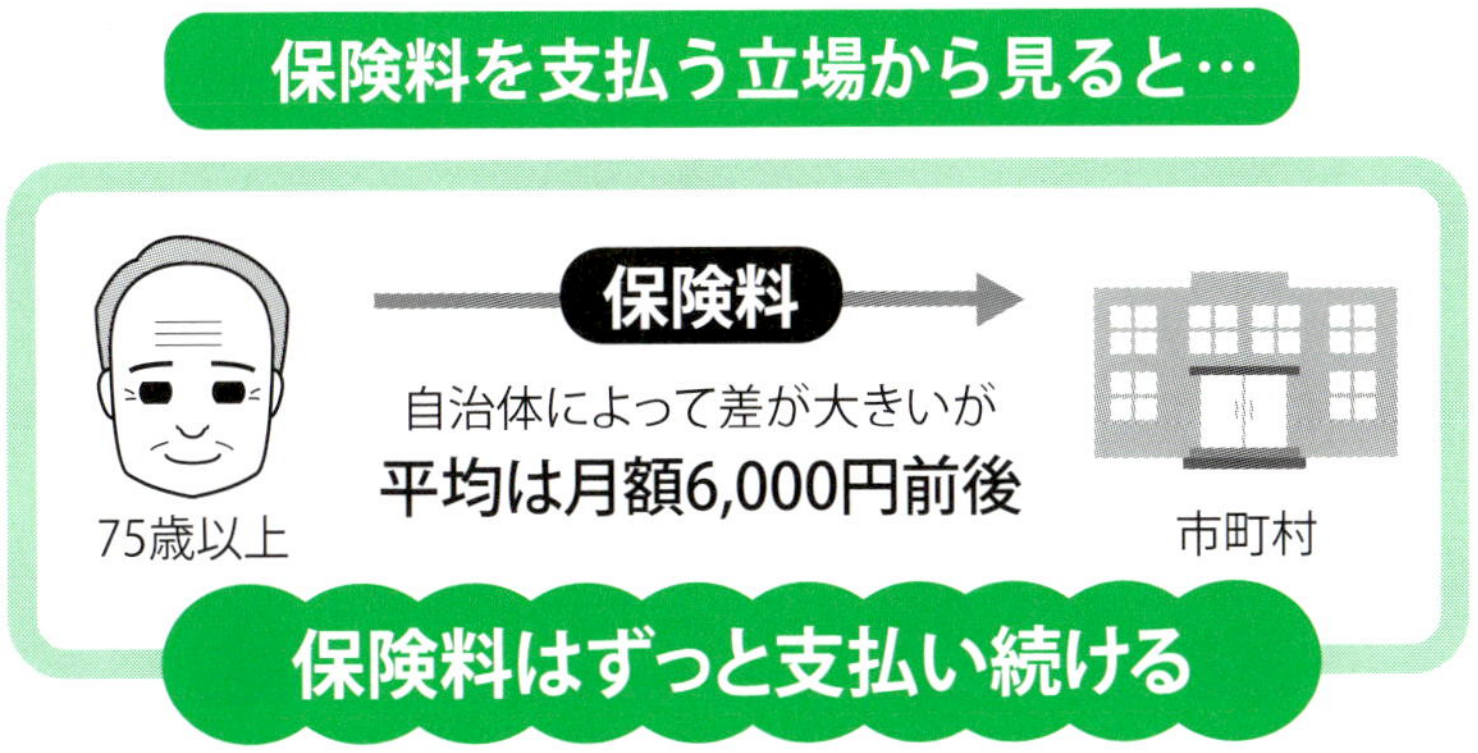
保険料を支払う立場から見ると…
保険料
自治体によって差が大きいが
平均は月額6,000円前後
75歳以上
市町村
保険料はずっと支払い続ける

低所得者の保険料

所得の低い人は、保険料の均等割額が軽減・徴収猶予できるが…

33万円以下で、かつ後期高齢者医療制度の被保険者全員が年金収入80万円以下（その他の所得が０円））	8.5割
33万円以下で上記以外	9割
33万円＋（27.5万円 × 世帯の被保険者の数）以下	5割
33万円＋（50万円 × 世帯の被保険者の数）以下	2割

※世帯ごとに判定・適用　杉並区の例（平成30年）

段階的に廃止されていく?

負担が増えるのは
困るなあ
現役世代の納得も
必要なんです

超高齢化社会に向けて負担は増えていく可能性が高い

の非難の対象になりました。

★保険料は被保険者も払い続ける必要がある

この制度の保険料は、自治体によってかなり差が大きくバラツキがありますが、平均は月額6000円前後になると言われています。

しかも、74歳までの制度と完全に切り離されているために、**被扶養者であっても保険料の納付が義務づけられます**。

今まで被扶養者になっていてまったく保険料を納めていなかった人は、75歳になり急に「保険料を毎月数千円払ってください」と言われことになるので、そのギャップは大きいかもしれません。

しかし、74歳までご自分で健康保険料を払っていた方にとっては、保険料が下がるケースの方が多いとも言われていて、なかなか難しいところでもあります。

今の国の状況を見れば、負担率はどんどん上がっていくでしょう。しかし、そんなことに腹を立てて国のせいにしていても何も始まりません。

気づいた今から、早速現実的に対応していきましょう。

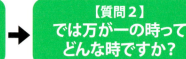

Insurance after retirement
定年後の保険をどう考えるか 3

定年後の生命保険は必要か？

★定年後の「万が一」のリスク管理

「万が一」のシミュレーションが大事
【質問1】
生命保険はなんのために入っていますか？
【質問2】
では万が一の時ってどんな時ですか？
万が一のために入ってます
?
具体的な例で考えてみよう
【例】月々の保険料
3,800円（年間4万5,600円）
死亡すると
保険金100万円が支払われる
22年で支払う保険料は100万3,200円
↓
60歳で加入して82歳以上長生きすると損になってしまう
（82歳以前に死亡したとしてもあまりお得ではない）
↓
こんな保険には入らなくていい
備えの基本は現金預金
大事なのは「我が家にどんなリスクがあって、
そのリスクに対して保険は必要か？」を考えること

★備えの基本は現金預金

定年後の生活を考えるとき、保険はどう考えればいいのでしょうか。

私たちは、万が一のために保険に入っていると思っています。でも、**万が一の備えは、保険でなくてはならないとは限らない**はずです。

備えの基本は、実は**現金預金**です。言い方を換えれば、現金預金でカバーできるリスクは、保険に入る必要がありません。

★生命保険でカバーするべき金額は？

生命保険は、ご主人が亡くなってしまった場合、残された家族が困らないように入るものですよね。

それでは、ご主人が亡くなると、残された家族は何に困るのでしょうか？

それは、大きく分けて2つあります。

★POINT★

★貯蓄でカバーできるのであれば、生命保険に入る必要はない。

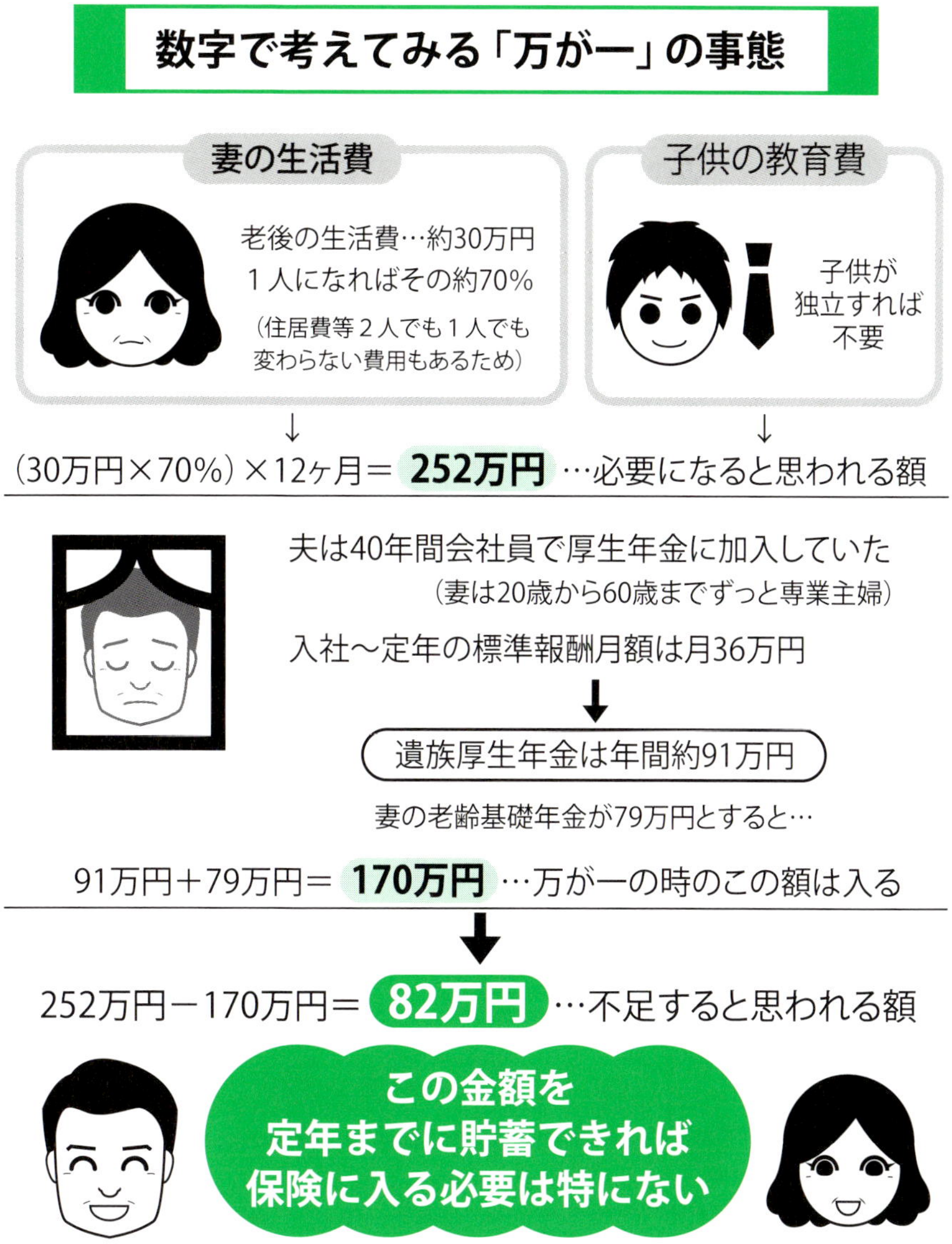
数字で考えてみる「万が一」の事態
妻の生活費
老後の生活費…約30万円
１人になればその約70%
（住居費等２人でも１人でも変わらない費用もあるため）
子供の教育費
子供が独立すれば不要
（30万円×70%）×12ヶ月＝252万円…必要になると思われる額
夫は40年間会社員で厚生年金に加入していた
（妻は20歳から60歳までずっと専業主婦）
入社～定年の標準報酬月額は月36万円
遺族厚生年金は年間約91万円
妻の老齢基礎年金が79万円とすると…
91万円＋79万円＝170万円…万が一の時のこの額は入る
252万円－170万円＝82万円…不足すると思われる額
この金額を
定年までに貯蓄できれば
保険に入る必要は特にない

1つめは**生活費**、2つめは**教育費**です。

定年後、お子様の教育費が残っている方は少ないでしょう。そうすれば必然的に残された家族の生活費が保険の対象となります。しかし、その家族もどうでしょうか。ほとんどのケースで、奥様だけではないでしょうか？

それでは、定年後にご主人が亡くなった後の生活費はどのくらいあればいいのでしょうか？

ご主人がサラリーマンの場合、万が一の場合、**遺族厚生年金**が支給されます。そうするとどうなるでしょうか。具体的に計算してみたのが上の図です。

50ページで、定年までに必要な貯蓄額の目標を計算しましたよね。その時の数字と見比べてみてください。

そうなんです。定年までに準備しなくてはいけない金額は、たいして変わりないということになるのです。

もしその金額を定年までに達成できれば、ご主人が万が一の場合のリスクは、預貯金でなんとかなるということになるのです。

もちろんケースバイケースです。しかし、一つの目標として、生命保険が必要ない老後を目指していくというのも大切なことではないでしょうか。

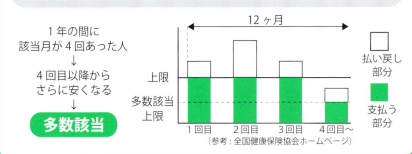

★大きな病気をしたときの味方
高額療養費をうまく使おう

高額療養費のしくみ

医療費の30%（75歳以上は10%）	医療費の70%は健康保険から支払われる

↓

自己負担はこの部分だけ ｜ 払い戻し ← さらにその30%の自己負担のうち **高額療養費** の上限以上の額は戻ってくる

70歳未満の1ヶ月あたりの自己負担限度額

所得区分	一ヶ月あたりの上限	多数該当
標準報酬月額 83 万円以上	252,600円＋(総医療費－842,000円)×1%	140,100 円
標準報酬月額 53 万～ 79 万円	167,400円＋(総医療費－558,000円)×1%	93,000 円
標準報酬月額 28 万～ 50 万円	80,100円＋(総医療費－267,000円)×1%	44,400 円
標準報酬月額 26 万円以下	57,600円	
低所得者（被保険者が市区町村民税の非課税者等）	35,400円	24,600 円

1 年の間に
該当月が 4 回あった人
↓
4 回目以降から
さらに安くなる
↓
多数該当

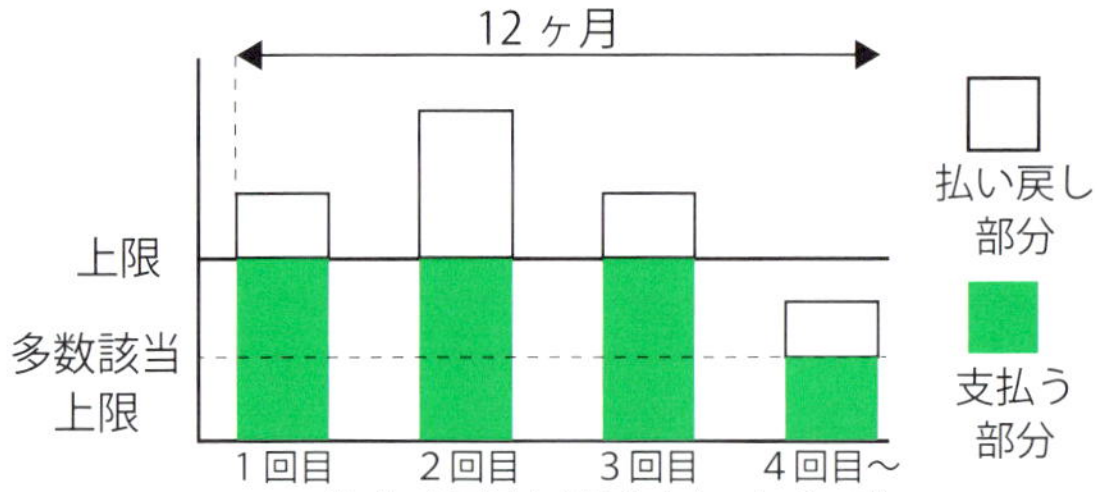
12 ヶ月
上限
多数該当
上限
1 回目
2 回目
3 回目
4 回目～
払い戻し
部分
支払う
部分

（参考：全国健康保険協会ホームページ）

★保険の基本に立ち返る

保険関連では、医療保険についてよくご相談いただきます。

確かに、保険会社のパンフレットにはびっくりするような金額が表示されています。本当にそんな金額が必要なのでしょうか？

保険の原則は、いつも一緒。

そう、**貯蓄で補えるリスクについて保険に入る必要はない**のです。

その視点で考えたら、過剰に医療保険に入らなきゃと心配することもありません。

★自己負担はそこまで高額にはならない

ただ、それでも医療保険に入りたいという方もいらっしゃると思います。

そういう方は、医療保険を考える前に**高額療養費**のことを考えてみてください。

日本では、かかった医療費の70％は社会

★POINT★

★医療はそこまで高額にはならない。リスク対策は現金が基本、保険はその次。

高齢になるほど金額は下がっていく

70歳～75歳未満の自己負担限度額

（平成30年８月～）

被保険者の所得区分			自己負担限度額 外来（個人ごと）	自己負担限度額 外来・入院（世帯）
①現役並み所得者	高額受給者証の負担割合が３割	Ⅲ 標準報酬月額83万円以上	252,600円+（総医療費-842,000円）×1％	
		Ⅱ 53万～79万円	167,400円+（総医療費-558,000円）×1％	
		Ⅰ 28万～50万円	80,100円+（総医療費-267,000円）×1％	
②一般所得者（①および③以外）			18,000円（年間14.4万円上限）	57,600円
③低所得者	Ⅱ 被保険者が市区町村民税の非課税者等である場合		8,000円	24,600円
	Ⅰ 被保険者とその扶養家族全ての方の収入から必要経費・控除額を除いた後の所得がない場合			15,000円

※75歳以上の表は62ページに掲載

実際に払うお金がいくらかを知れば医療保険に入る場合どんなものが自分たちにとって良いのかがわかってくる

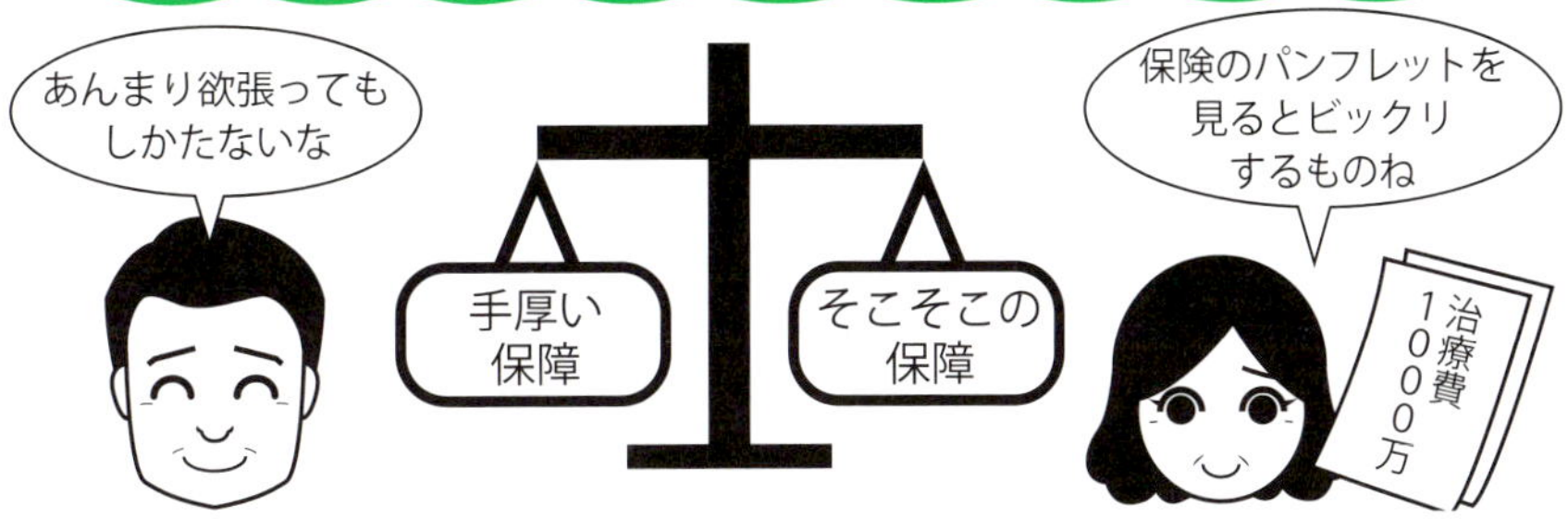

保険料と国の税金で支払われるので、**自己負担額は30%**。しかも、その30%の自己負担にも**高額療養費という上限**があるのです。

高額療養費を利用すれば、70歳未満でも1ヶ月に必要な医療費はせいぜい10万円程度。70歳以上であれば、一般の人で5万円もかからないことになります。

そこに加算される入院時食事療養費などの諸経費を加えても、15万円程度あれば事足りることになります。

実は、保険会社のパンフレットに載っている金額は、この高額療養費が適用になる前の金額なのです。

もしかしたら、「個室の病室に入れば個室代もかかるし、入退院にタクシーを利用すればタクシー代もかかるじゃないですか」という意見もあるかもしれません。

でもそんな費用まで、保険で準備するという考え方はどうでしょうか。医療費を保険で補いたいということであれば、入院日額5000円もあれば充分だと思われます。

高額療養費を知れば、医療保険にどの程度の規模で加入した方がいいのかは、おおよそ見当がついてくると思います。

まずは自分が医療保険に入っているのか、どんな内容なのかを一度確認してください。

★入るのならどんな保険がいいか

定年後の医療保険の選び方

医療保険選びのポイントその1

保険選びのポイント①…入院日額・入院日数

60日タイプ
120日タイプ
180日タイプ
365日タイプ

基本的には1回の入院の限度日数で、通算入院日数ではない

じゃあ
同じ病気で
再入院した場合は
どうなるの？

ほとんどの医療保険では、退院後180日以内に同一の病気・もしくはその病気に起因する病気で再度入院した場合は、一入院に通算する

【例】

がんで40日間入院
＋
退院から２ヶ月後にまた40日間入院
＋
一入院60日のタイプ
→
再入院の40日間のうち20日間分は入院給付は受けられない

ちなみに: 65歳以上の人の入院日数の平均は60日

再発性の高い病気や
慢性の病気があるなら
長期でもいいけど…
入院日数が長いものは
当然保険料が
高くなるしねえ

あくまでも貯蓄でリスク回避するのが基本。保険期間と保険利用との兼ね合いを考えてみよう

★医療保険を考えるための3つのポイント

前項の高額療養費のことをふまえた上で、医療保険について掘り下げていきましょう。

医療保険選びのポイントは、上の図のように、大きく分けて3つあります。

まずは**入院日額**です。

65歳以上の人の入院日数を見ると、平均は60日を下回っています。

もちろん、再入院の可能性もあります。その場合、ほとんどの医療保険では、退院後180日以内に同一の病気・もしくはその病気に起因する病気で再度入院した場合は「一入院」に通算するという原則があります。

医療保険は、一入院の日数が長いタイプの方が、短いタイプより保険料が高くなります。これらのことをふまえて考えるといいでしょう。

ただ、あくまでも貯蓄でリスク回避する

★POINT★

★医療事情を考慮しつつ、時代と自分に合った保険を3つのポイントで選ぼう。

医療保険選びのポイントその2

保険選びのポイント②…保険期間

定期タイプ

・保障してくれる期間が限定されている
・保険料が安いが、年齢が上がってからの更新は保険料が増える

【保険料例】
60～70歳…毎月3,000円
70～80歳…毎月5,000円
（80歳以上は更新できない）

定期タイプ

・生きている間ずっと保障してくれる
・定期タイプに比べると保険料が高い

【保険料例】
60歳～一生…毎月4,000円
（保険料は上がらない）

ちなみに: 2017年の平均寿命は、男性81.09歳、女性87.26歳

定年後に
70歳までの保険に入る
意味はあんまりないかな
少なくとも
20年くらいは
保障してほしいわね

保険選びのポイント③…保険料払込期間

終身払い

【メリット】
・毎月の保険料が安い
・早死にすると、保険料の総支払額が安くなる
【デメリット】
・一生涯、保険料を支払う必要がある
・長生きすると、保険料の総支払額が高くなる

有期払い

【メリット】
・一生涯保険料を支払わなくて良い
・長生きすると、保険料の総支払額が安くなる
【デメリット】
・毎月の保険料が高い
・早死にすると、支払った保険料が無駄になる

何歳まで生きるかによって損得が決まる

のが基本です。心配になりすぎて、どんどん保険料が高くならないように注意してください。

次は、**保険期間**です。

通常は定期保険タイプか、もしくは一生涯保障してくれる終身保険タイプのどちらかになります。

定年後の医療保険を選ぶのに、70歳まででいいという人はまずいないと思います。平均寿命を考えても、少なくとも20年以上の保険期間を用意したいものです。

そうすると、平均寿命まで生きた場合、支払保険料は終身タイプの方が安くなります。若ければ若いほど、保険料は終身タイプの方が安くなるからです。

平均寿命までに亡くなることがあれば、定期タイプの方が安くなりますが、どうせギャンブルをするなら、自分が長生きするほうに賭けたいものですね。

最後に、**保険料払込期間**です。

この点については、何歳まで生きれば「有期払い」が得で、それ以前に亡くなれば「終身払い」が得。単純に言えばこれだけのことです。

どちらが正解ということもないのですが、大切なのは、「何歳まで生きれば得なのか」ということを理解して選ぶということです。

★大事な話だから押さえておきたい 介護保険と私たちの将来

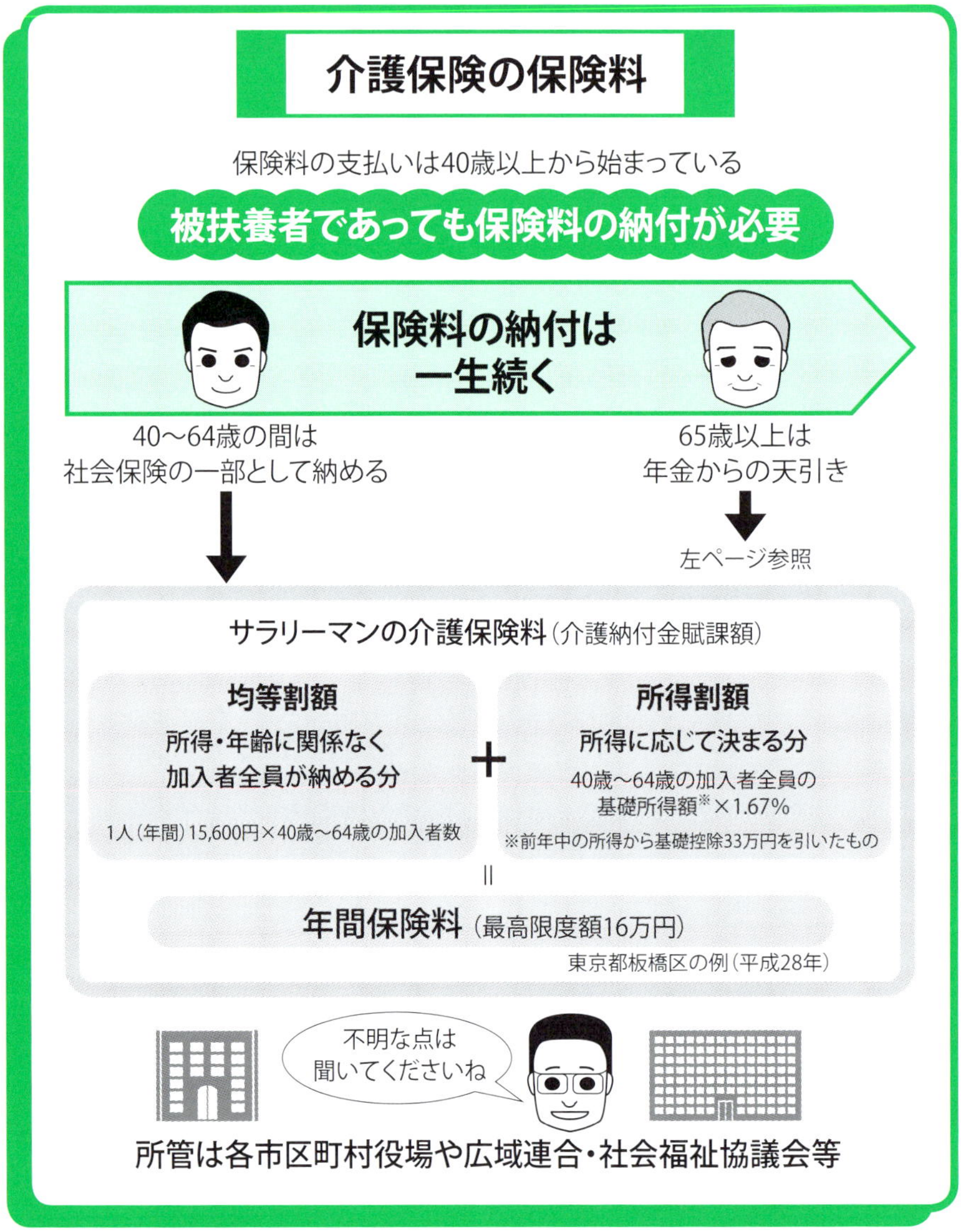
介護保険の保険料
保険料の支払いは40歳以上から始まっている
被扶養者であっても保険料の納付が必要
保険料の納付は一生続く
40〜64歳の間は社会保険の一部として納める
65歳以上は年金からの天引き
左ページ参照
サラリーマンの介護保険料（介護納付金賦課額）
均等割額
所得・年齢に関係なく加入者全員が納める分
1人（年間）15,600円×40歳〜64歳の加入者数
＋
所得割額
所得に応じて決まる分
40歳〜64歳の加入者全員の基礎所得額※×1.67%
※前年中の所得から基礎控除33万円を引いたもの
＝
年間保険料（最高限度額16万円）
東京都板橋区の例（平成28年）
不明な点は聞いてくださいね
所管は各市区町村役場や広域連合・社会福祉協議会等

★制度は大体の概要を把握するだけでOK

高齢化がどんどん進む現在、介護が社会的な問題だということは皆さんもお分かりでしょう。

でも**介護保険**がどんなものなのかというと、漠然としていてあまりピンと来ない人も多いのではないでしょうか。

健康保険と同様、ここであまり細かく制度の紹介をしても仕方がないことだと思います。こういった公的制度はケースバイケースということも多いものです。概要だけ把握しておいて、具体的なことは所管の行政機関に聞くのが一番です。

★保険料は一生支払い続ける

介護保険料は、いつからいつまで支払う

★POINT★

★介護保険料は、サービスを受ける側になっても一生支払い続ける必要がある。

65歳以上の介護保険料の例

対象者		年間保険料
生活保護を受給の方 老齢福祉年金受給の方で、世帯全員が住民税非課税の方 世帯全員が住民税非課税の方で、本人の前年中の合計所得金額＋課税対象年金収入額が80万円以下の方		32,000円
世帯全員が住民税非課税の場合	本人の前年中の合計所得金額＋課税対象年金収入額が…80万円を超え、120万円以下	49,800円
	120万円を超える（本人が住民税未申告の人を含む）	53,400円
本人は住民税非課税で同世帯に住民税課税者がいる	80万円以下	64,100円
	80万円を超える（本人が住民税未申告の人を含む）	71,200円
本人が住民税課税者の場合	前年中の所得合計額が…125万円未満	81,900円
	125万円以上200万円未満	89,100円
	200万円以上300万円未満	103,300円
	300万円以上400万円未満	117,600円
	400万円以上550万円未満	131,800円
	550万円以上700万円未満	146,100円
	700万円以上1000万円未満	160,300円
	1000万円以上1500万円未満	188,800円
	1500万円以上	224,500円

東京都板橋区の例（平成30年4月）

のでしょうか。

介護保険と私たちの最初の接点といえば、40歳になって介護保険料の徴収が始まった時でしょう。社会保険の一部として徴収されるため、あまり加入しているという実感がない方もいるかもしれません。

40歳以上65歳未満の「第2号被保険者」の場合、月収（標準報酬月額）の1・51％（平成23年10月時点）を会社と折半しますから、その半分が健康保険料と同時に給料から差し引かれます。

保険料が徴収されるのは、健康保険同様サラリーマン本人のみであって、その扶養されている家族（65歳未満）は支払う必要はありません。その後加入する健康保険をどうするかによっても違いますが、60歳で定年退職して国民健康保険に加入する場合は、各市区町村によって定められている計算によって保険料が徴収されます。

65歳以上の「第1号被保険者」の場合、年金が年額18万円以上の人は原則年金から天引きされ、18万円未満の人は納付書によって保険料を納めます。

介護保険料は、**亡くなるまで一生涯払い続けます**。介護サービスを受ける側になったとしても、支払っていく必要があることを忘れてはいけません。

★利用にあたって必要な手続き

介護保険はどう利用する？

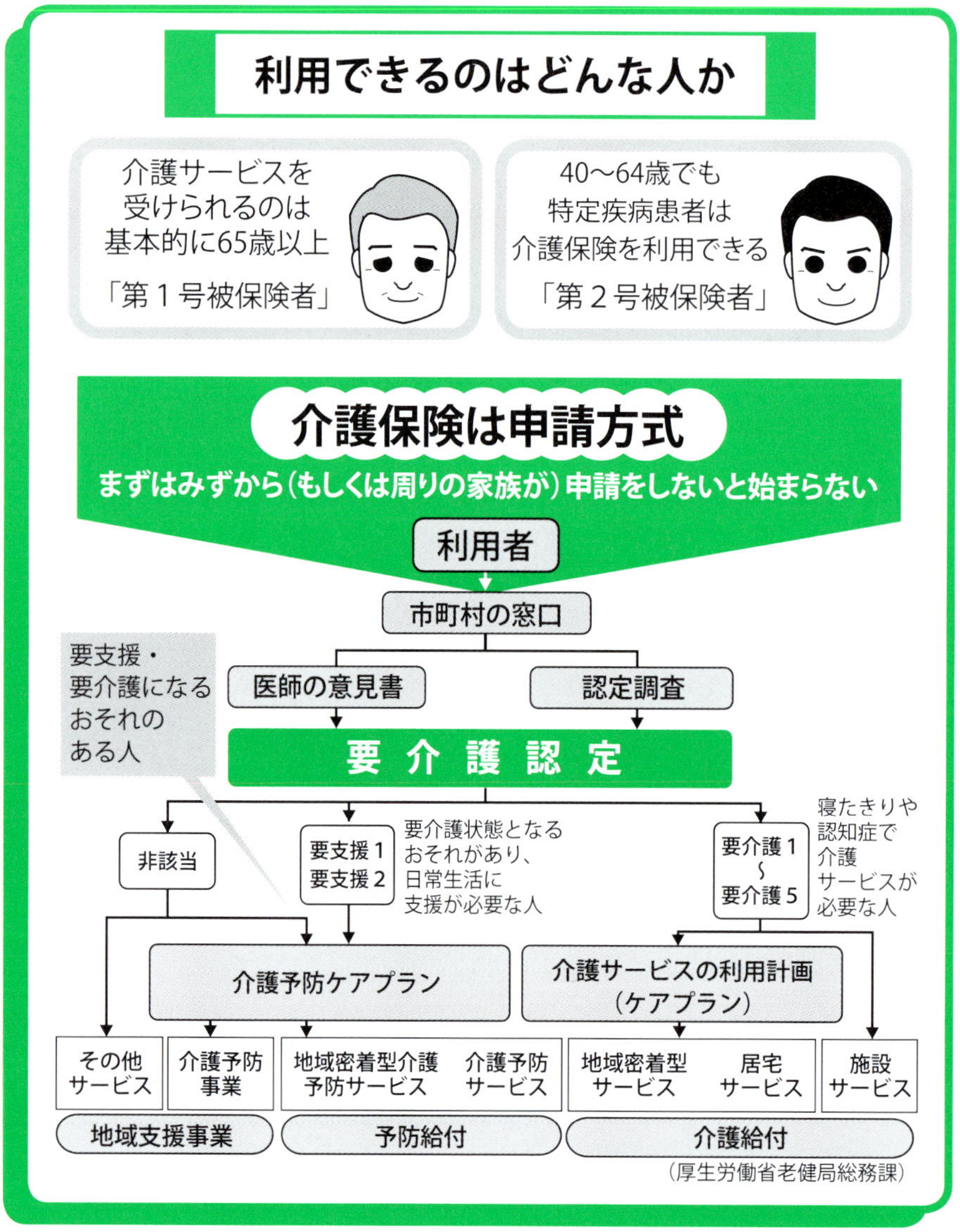
利用できるのはどんな人か
介護サービスを受けられるのは基本的に65歳以上
「第１号被保険者」
40～64歳でも特定疾病患者は介護保険を利用できる
「第２号被保険者」
介護保険は申請方式
まずはみずから（もしくは周りの家族が）申請をしないと始まらない
利用者
市町村の窓口
要支援・要介護になるおそれのある人
医師の意見書
認定調査
要介護認定
非該当
要支援１
要支援２
要介護状態となるおそれがあり、日常生活に支援が必要な人
要介護１
～
要介護５
寝たきりや認知症で介護サービスが必要な人
介護予防ケアプラン
介護サービスの利用計画（ケアプラン）
その他サービス
介護予防事業
地域密着型介護予防サービス
介護予防サービス
地域密着型サービス
居宅サービス
施設サービス
地域支援事業
予防給付
介護給付
（厚生労働省老健局総務課）

★利用するには申請をする必要がある

介護が必要になってくると、介護保険を利用することになります。

介護保険は**申請方式**です。まずはみずから（もしくは周りの家族が）認定の申請をしなくてはいけません。

意外とこれができないようで、申請すればもっと早い段階でサービスが利用できたのに、ギリギリまで介護保険を申請していないというケースも結構多いようです。

申請を忘れないようにしましょう。

★介護度の認定を受けて介護の計画をたてる

申請をすると、対象となる方がどんな状態なのかという調査が行われます。

その調査をもとに認定審査会で介護保険

★POINT★

★利用の申請をし、介護度の区分を決めてもらってからサービスが始まる。

受けられるサービスは区分で変わる

認定調査 40項目ほどの聞き取り項目や医師の医学的な所見など

要支援　1〜2
現在は介護の必要がないものの、将来要介護状態になる恐れがあり、6ヶ月以上継続して家事や日常生活に支援が必要な状態

要介護　1〜5
原則として6ヶ月以上継続して、入浴、排泄、食事等の日常生活動作について常時介護を要すると見込まれる状態

ケアマネージャー

介護予防ケアプラン　　ケアプラン

介護保険に該当しないと判断された場合でも
プランの作成や介護保険以外の行政福祉サービスを利用する方法などを相談できる

【利用できる在宅サービスの目安と月額支給限度額】
区分ごとにこの金額まで介護保険サービスを利用することができる

要支援1	要支援2	要介護1	要介護2	要介護3	要介護4	要介護5
週2〜3回	週3〜4回	1日1回	1日1〜2回程度	1日2回程度	1日2〜3回程度	1日3〜4回程度
50,030円	104,730円	166,920円	196,160円	269,310円	308,060円	360,650円

※上記の支給限度額は標準地域のケース。地域差があります。　※支給限度額内で、実際に使った額の1割を負担します。

（要支援）→ 在宅サービス
（要介護）→ 在宅サービス／公的介護施設サービス

の対象者かどうか、またどの区分のサービスを提供するのが適当なのかが話し合われ、認定されていくわけです。

まずは、対象者が**「要支援」**なのか**「要介護」**なのかが決められます。そしてどの区分なのかが認定されます。

この**「介護度」**と呼ばれている区分が認定されると、次にケアマネージャーという専門家と相談して、「ケアプラン・介護予防ケアプラン」という**介護の計画**を立てていきます。

ここまでのプロセスをふまえて初めて、介護サービスの利用開始となるわけです。

健康保険などと違い、誰でもふらーっと介護施設に行って保険証を見せれば介護サービスが受けられるというわけではないので気をつけてください。

★サービスは2種類

介護サービスは、大きく分けて2つあります。それは、**在宅サービス**と**公的介護施設サービス**です。

在宅サービスは、要介護の人だけではなく、要支援の人も利用できますが、公的介護施設サービスは要介護1以上の人が利用できるサービスです。

★長く高額になることもある
介護のために必要な自己負担

★自己負担額は介護度によって変わる

介護の話でやはり気になるのは、「介護サービスを利用するといったいどのくらいお金がかかるのか？」ということではないでしょうか。

介護保険を利用しても、範囲外のサービスについては、自分で費用を負担する必要があります。

自己負担額は、利用する介護サービスと、**認定を受けた介護度別**に決まっている支給限度額の関係によって違ってきます。具体的な額は前ページの図をご覧ください。

★在宅サービスの場合

まずは、在宅サービスを見てみましょう。限度額の範囲内にサービスが収まれば、一割の自己負担だけを支払えばサービスを利用することができます。

在宅サービスにかかるお金の例

【介護の例】

在宅でサービスを利用
かかった費用…30万円

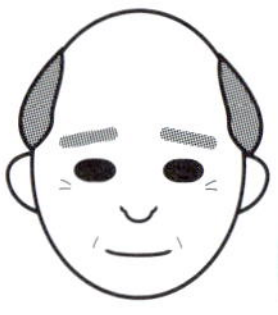

山下さん
（78歳）
要介護３
現役で働いている家族がいる

支給限度額 269,310円

26,931円 ①支給限度額の１割	介護保険から給付	30,690円 ②支給限度額を超えた額

かかった費用 30万円

うち自己負担＝①+②＝ 57,621円

（「知るぽると」ホームページを参考に作成）

↓

高額介護サービス費（月）

負担段階区分	負担上限額
現役並み所得者に相当する人がいる世帯の人	44,400 円（世帯）
世帯内の誰かが市区町村民税を課税されている人	44,400 円（世帯）
世帯の全員が市区町村民税を課税されていない人	24,600 円（世帯）
・老齢福祉年金を受給している人 ・前年の合計所得金額と公的年金等収入額の合計が年間 80 万円以下の人等	15,000 円（個人） 24,600 円（世帯）
生活保護を受給している人等	15,000 円（個人）

↓

「高額介護サービス費」で決められた額が限度になるので…

自己負担総＝ 44,400円

★POINT★

★介護は長くなることも多い。そのこともふまえて、400万円程度は用意したい。

施設サービスにかかるお金の例と準備額

要介護5の介護保険施設の場合

山下さんの介護サービスの自己負担分は 毎月約３万円…①

＋

居住費
＋
食費
＋
日用品等の生活費
＝
これを10万円とする…②

施設サービスの利用料の目安（ユニット型個室・月額）

要介護度	介護老人福祉施設	介護老人保健施設	介護療養型医療施設
要介護１	約21万円	約25万円	約25万円
要介護２	約23万円	約27万円	約28万円
要介護３	約25万円	約28万円	約35万円
要介護４	約27万円	約30万円	約38万円
要介護５	約29万円	約32万円	約41万円

（前掲「知るぽると」ホームページより）

居住費・食費等は高額介護サービス費の対象外 → **全額自己負担**

①＋②＝約13万円＋（これ以外に介護サービスが必要な場合もあると想定）＝約 17 万円

↓

17万円×夫婦２人分＝34万円

老後の生活費を28万円前後で想定していたとすると…差額は毎月６万円

６万円×12ヶ月＝72万円

72万円×５年分＝約360万円

長期になるとやっぱりお金はかかるな

介護費用として蓄える額となる

※上記の数字はあくまで例です

この範囲で収まるとは限りませんが、**過剰に心配しすぎる必要もありません。**介護保険にも、健康保険と同様、右上の図のように、一定以上の額を超えた分を支給してくれるという**「高額介護サービス費制度」**があるからです。

★公的介護施設サービス

次に、公的介護施設サービスを見てみます。一般的に**「特養」**と呼ばれている、介護老人福祉施設が該当します。

要介護５の介護保険施設の場合、平均的に見て、すべて合わせると１人約17万円かかる場合もある計算になります。

単純には言えませんが、夫婦２人とも介護状態になった場合、上の図のように、17万円が２名分で34万円。

老後の生活費を28万円前後で想定していた場合は、介護費用として毎月６万円、１年間で72万円準備しておく必要があると計算できるわけです。

生命保険文化センターの調査では、介護期間の平均は約４年11ヶ月（平成27年）。その期間は年々のびていく傾向にあるので、５年間分準備するとなると、**約３６０万円**、介護費用としての蓄えが必要となるのです。

●ミニコラム●

窓口販売の保険ってどうなの？

★銀行での窓口販売

一昔までは、生命保険といえば、職場にやってくるセールスレディを通じて加入するのが一般的でした。

しかし、時代が変わり今は、通信販売やインターネット、銀行の窓口や保険ショップまで、様々な方法があります。特にこの数年、銀行の窓口で加入する人が増えてきています。

実際に、銀行の窓口で保険を加入することはお得なのでしょうか？

★自分で理解してから選ぼう

世代的に、「銀行で勧められるものであれば間違いのないものだろう」と思ってしまう人も多いのではないでしょうか？

それは危険です。銀行の窓口販売は銀行が生命保険会社の代理店となって販売しているにすぎません。ですから、お客様のためというよりも、**銀行の手数料収入を増やすため**というケースが多いような気がします。

特に貯蓄の代わりにと貯蓄性のある生命保険を勧められるケースがあります。

この数年の低金利では利息も付きません。ですから、「銀行にお金を預けておくよりも、利息がいいですよ」なんてフレーズを銀行の窓口で言われれば、心が動く人も多いでしょう。

しかし**銀行預金と生命保険はまったく違うものです**。「銀行員が勧めるなら間違いないだろう」ではなく、きちんと自分の頭で理解して、メリット・デメリットを整理してから選択してください。

5章 遠い未来ではない相続の話

★他人事ではない

相続争いは意外と多い

相続争いは意外と多い

私には
トラブルになるような
財産はないからなあ
親戚の仲も別に
悪くないし
大丈夫よねえ

…しかし…

遺産分割処分申立件数

年	平成6年	平成11年	平成16年	平成21年	平成26年
件数	9,868	10,645	12,154	13,505	15,261

（最高裁判所　司法統計より抜粋）

遺産問題は増加傾向にある

税金問題
こんなはずじゃなかったのに
遺産問題
相続税
支払って
ください
遺産よこせ

遺産トラブルは他人事ではない

★相続問題は増えている

最後の章では、相続のことについて考えておこうと思います。

人間は、どれだけ頑張ってお金を残しても財産をつくっても、あの世まで持っていくことはできません。それどころか、自分たちが築き上げてきた財産に**相続税**がかかり、最後は国にもっていかれます。

しかも近年、国は税制を改正して、さらに相続税を徴収する方向になりました。

「私には、そんな残すほどの財産もないから心配ありません」とおっしゃるかもしれません。

しかし、上にある表をご覧ください。平成6年から26年までの間に裁判所に持ち込まれた**相続問題**の件数は、なんと1・5倍に増えています。

これは、「家督は長男が継ぐもの、財産も長男が引き継ぐものだ」という昔からの慣習から、「兄弟は平等に財産を相続できるも

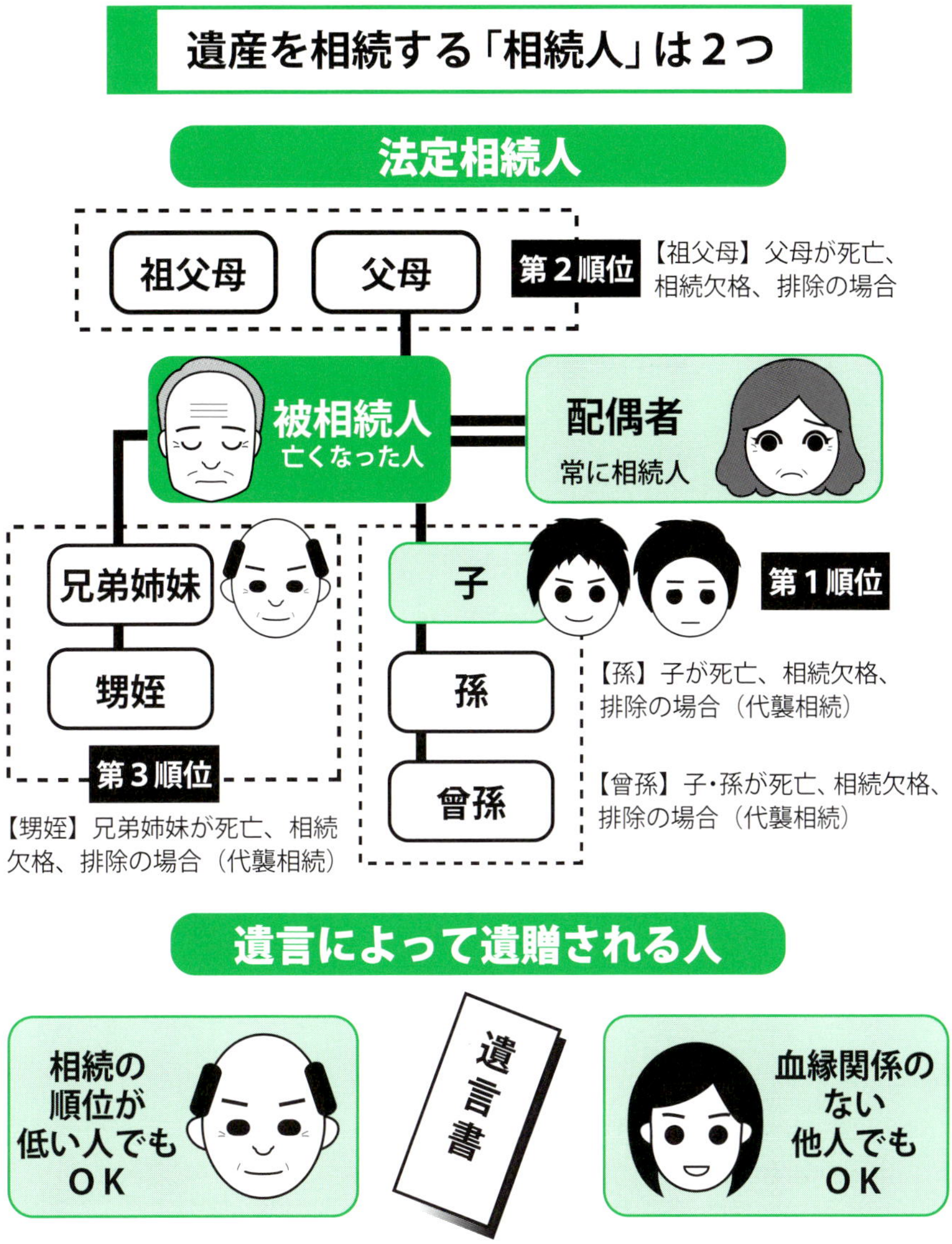

遺産を相続する「相続人」は２つ
法定相続人
祖父母
父母
第２順位
【祖父母】父母が死亡、相続欠格、排除の場合
被相続人
亡くなった人
配偶者
常に相続人
兄弟姉妹
甥姪
第３順位
【甥姪】兄弟姉妹が死亡、相続欠格、排除の場合（代襲相続）
子
第１順位
孫
【孫】子が死亡、相続欠格、排除の場合（代襲相続）
曾孫
【曾孫】子・孫が死亡、相続欠格、排除の場合（代襲相続）
遺言によって遺贈される人
相続の順位が低い人でもＯＫ
遺言書
血縁関係のない他人でもＯＫ

★POINT★

★お金を持っている人だけが相続トラブルに巻き込まれるわけではない。

の」と意識が変化したためにこういう結果をもたらしたのでしょう。

最近では財産の多寡に関わらず、争われているケースが増えているようです。

★誰が相続するのか？

遺産を継承する権利を有する人を**「相続人」**と呼びます。

民法では、「法定相続人」と「遺言によって遺贈される人」のふたつを相続人としています。

法定相続人は、上の図のように決められています。また、財産を受け取る順や割合についても一定のルールが定まっています。

しかし、必ずこの通りにしなくてはいけないわけでもありません。私たちは自分で相続人とその割合を決めることができます。

その方法が**「遺言」**です。

遺言を利用すれば、自分に万が一のことがあった時に起こるトラブルを防ぐこともできるかもしれません。公証役場の公証人に作成してもらう**公正証書遺言**を利用する人もこの10年で1・5倍以上になりました。

自分の財産で親族が争うことになるのは避けたいものです。いやむしろ争わせないのも、親の務めだと思うのです。

なにが「遺産」になる？

★相続できるのは現金や不動産だけではない

相続財産となるもの
土地・建物・農地・山林・原野など
現金・預貯金・有価証券など
自動車・美術品・家具・貴金属など
プラスの財産
借家権・借地権・地上権・抵当権・貸金など
権利書
生命侵害による慰謝料請求権・損害賠償請求権
特許権・商標権・著作権
借入金・住宅ローン残・損害賠償
※連帯保証・連帯債務は相続される
マイナスの財産
※放棄する時は、故人の死亡を知った時から3ヶ月以内に手続きをする
相続財産とならないもの
保険証書
○○様
○○生命保険
祭祀財産
（系譜・仏壇や墓など）
生命保険金・死亡保険金
死亡退職金

★マイナスの財産や相続放棄もある

財産の多い少ないに関わらず、必ず避けては通れないのが**「遺産相続」**です。

しかし、何が相続財産になるのでしょうか、その価値はどのくらいのものなのでしょうか？

相続財産には、預金や不動産などのプラスの財産だけではなく、住宅ローンや借金等の**マイナスの財産**も含まれます。

マイナスの相続財産の方が多い場合は、故人の死亡を知った時から3ヶ月以内に、プラスの財産もマイナスの財産も受け継がない**相続放棄**の手続きをしなければいけません。

放棄によって次順位の者が相続人となりますので、大きな借金が残っている場合は、第3順位の相続人まで全員が放棄の手続きをしないと、誰かが貧乏くじを引くことになります。

代表的な相続財産の評価方法

不動産関連

家屋

固定資産税評価額

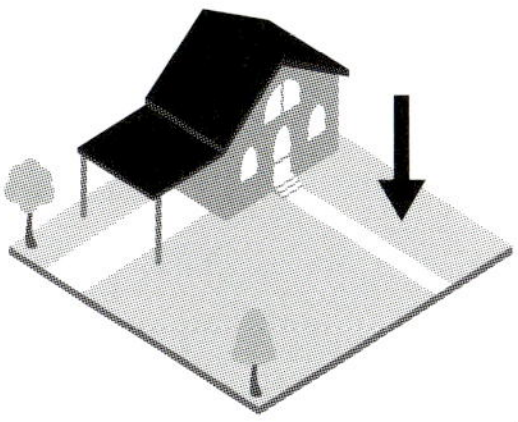

宅地

路線価の有無によって方法が変わる

路線価あり…路線価方式

路線価なし…倍率方式

自宅が建つ土地や事業に使われていた土地の場合は評価額が一部減額される

利用区分	限度面積	減額される割合
被相続人等の居住の用に供されていた宅地等（本人が済んでいた住宅）	$330m^2$	80%
事業用の宅地等（貸付事業以外）	$400m^2$	80%

自宅の分は少し優遇してくれるんだな

預貯金、有価証券など

普通預金・定期預金

相続開始時の残高＋相続開始時に解約した場合の利子額
（被相続人の死亡の時）

動産その他

自動車

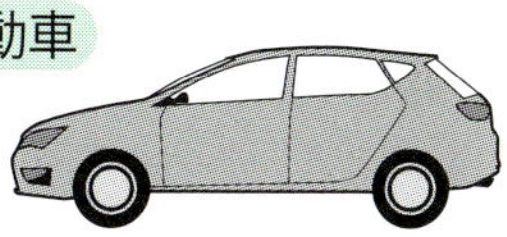

その自動車と同じ状態の自動車を取得する場合の価格、または新品の小売価額-経過年数に応じて減額した価格のいずれかを選択

★POINT★

★プラスの遺産もあればマイナスの遺産もあるので、総合して考える必要がある。

遺産となるものは、具体的には右上の図のようなものです。

現金や不動産だけではなく、**各種権利や義務も含まれている**のが面白いところです。意外と見落としがちなので覚えておくといいでしょう。

★相続財産はどう評価する？

このようにして財産をまとめたら、今度はいくらぐらいになるのか、**評価**する必要があります。

相続財産の評価は、相続開始時点（被相続人の死亡の時）の時価で評価します。

不動産や株式については、常に価値が変動します。そのため、相続税の計算においては各財産の評価方法が定められています。上に代表的なものをあげておきました。

なお特例として、遺産の中に住宅や事業に使われていた宅地等がある場合には、その宅地等の評価額の一定割合を減額して評価することができます。

つまり、生活をするためや生計を立てるために必要な財産は、杓子定規に評価して相続税の計算対象にするのではなく、**ある程度考慮している**わけです。

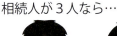

About inheritance
遠い未来ではない
相続の話
3

相続税がかかるかもしれない

★もしかしたらあなたも該当する？

法律が改正された
以前の基礎控除額
5,000万円＋（1,000万円×法定相続人の数）
自宅を考えても うちは大丈夫だな
相続人が３人なら…
1,000万円
1,000万円
1,000万円
5,000万円＋（1,000万円×３人）＝8,000万円
8,000万円までの財産には税金がかからなかった
基礎控除額
3,000万円＋（600万円×法定相続人の数）
この額だと相続税を 支払わなきゃ…
600万円
600万円
600万円
3,000万円＋（600万円×３人）=4,800万円
基礎控除額は4,800万円に減る

★控除の枠が小さくなった

以前は、１００人に４人程度しか対象にならないといわれていた相続税ですが、近年もう少し身近な存在となりました。

それは法律が改正されたからです。

もともと相続税の対象者が少ない一番大きな理由には、**基礎控除額**があります。

もともとはこの基礎控除額というのは、５０００万円＋（１０００万円×法定人相続人の数）でした。

例えば法定相続人が配偶者・子ども２人の場合、合計３人ということになるので、８０００万円。つまり、８０００万円までの財産には、税金がかからないということになります。

しかし、この基礎控除額が平成27年から、**３０００万円＋（６００万円×法定人相続人の数）と縮小された**のです。

先ほどの例では、基礎控除額は４８００万円まで引き下がることになります。

★制度の変更で、相続税を支払う必要がある人は増えた。ただし緩和措置もある。

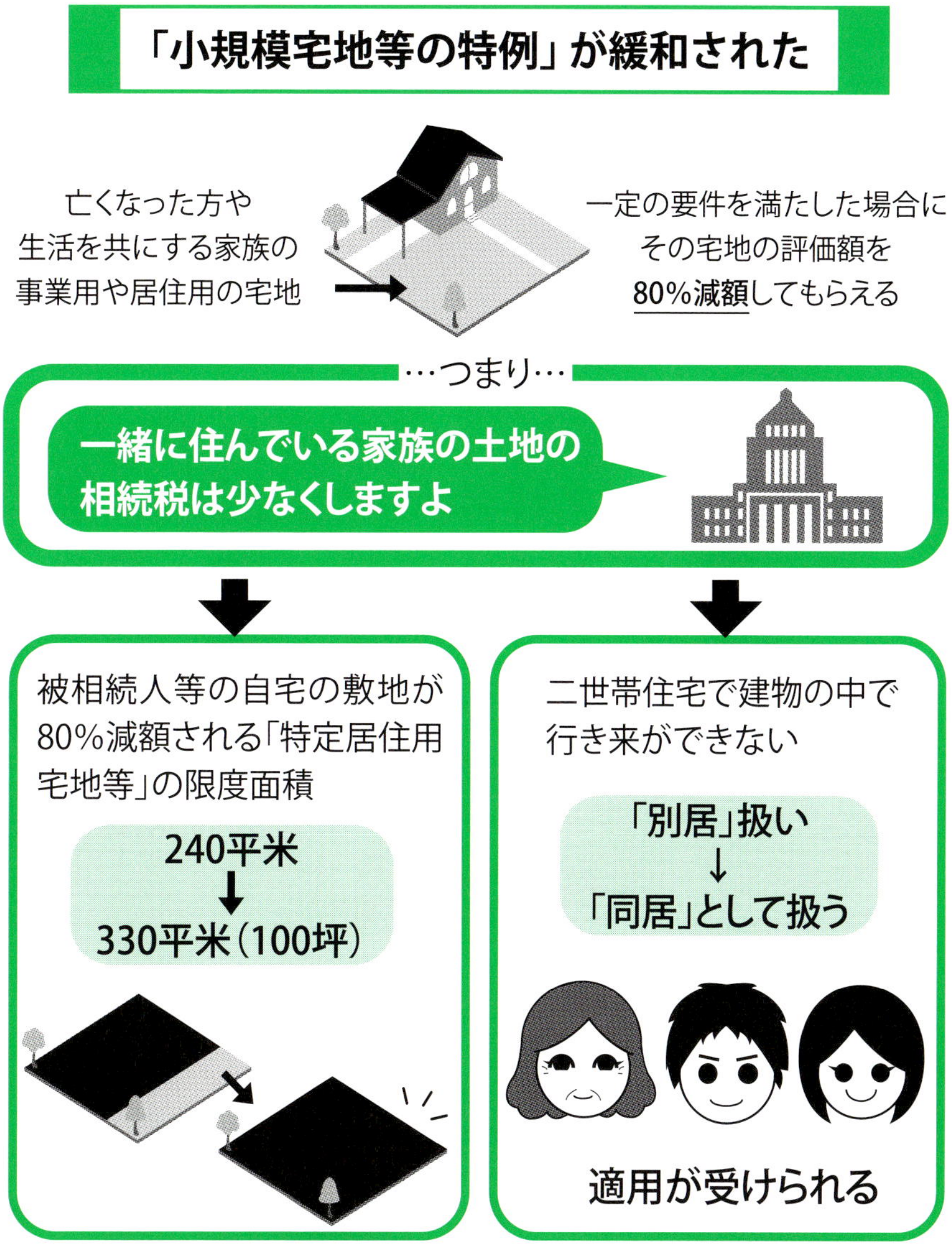

「小規模宅地等の特例」が緩和された
亡くなった方や生活を共にする家族の事業用や居住用の宅地
一定の要件を満たした場合にその宅地の評価額を80%減額してもらえる
…つまり…
一緒に住んでいる家族の土地の相続税は少なくしますよ
被相続人等の自宅の敷地が80%減額される「特定居住用宅地等」の限度面積
240平米
330平米（100坪）
二世帯住宅で建物の中で行き来ができない
「別居」扱い
「同居」として扱う
適用が受けられる

★緩和されたものもある

しかし、ただ増税になっただけではありません。基礎控除額が縮小し増税になる代わりとして、**小規模宅地等の特例が緩和された**のです。

小規模宅地の特例とは、亡くなった方や生活を共にする家族（同一生計親族）の事業用や居住用の宅地について、一定の要件を満たした場合にその宅地の評価額を80％減額してもらえるという規定です。つまり**一緒に住んでいる家族の土地の相続税は少なくしますよ**、という特例です。

今回まず一番大きな改正は、被相続人等の自宅の敷地が80％減額される特定居住用宅地等の限度面積が２４０平米から３３０平米（１００坪）まで拡大されました。

また、二世帯住宅で建物の中で行き来ができないものは、改正前「別居」扱いで、この特例の適用は受けられませんでした。

これが改正後では**「同居」として扱い**、この適用が受けられるようになりました。

土地の価格が高い地域に住宅を持っている方は、特に相続税の課税対象となる可能性があります。

２世帯住宅などを活用し、生計同一親族を確保することも検討してみましょう。

税金だけが相続の問題ではない

★家族の間にあったしこりがもめごとを起こす

不動産はもめごとが起こりやすい
現金や動産は比較的分割しやすい
○○様
○○BANK
相続で問題になるのは土地や家などの不動産
・分割しにくい
・その土地や家に家族が住んでいる場合もある
家を売ってそのお金を二等分しよう 弟
家は今も俺たちが住んでるんだから売れるわけない 兄
権利
じゃあ俺の分を貯金からちょうだい 弟
そんな大金あるわけない 兄
相続トラブルは財産が少なくても起こる
子供たちのために準備が必要になる

★不動産はもめごとの原因になりやすい

さて、相続税がかからなければ、相続はもめないのでしょうか？

実はそんなことはまったくありません。

むしろ、**分けるほど財産がないからこそ、相続でもめる**のかもしれません。

例えば、財産が全部現金であれば、相続人で等分に分配すれば何も争うことはありません。

しかしほとんどの場合、相続で問題になるのは、土地や家などの**不動産**である場合が多いのです。

不動産の場合は財産を等分に分けることは簡単ではありません。家のここから半分が兄のもの、ここから半分は弟のものなんて分けるわけにはいきません。

だからといって、簡単に売ってお金にすることも難しい。なかにはまだその土地や家に、法定相続人の誰かが住んでいる場合

★POINT★

★家族だからこそ許せないこともある。家族のためにもトラブル対策は必須。

両親が他界した時があぶない

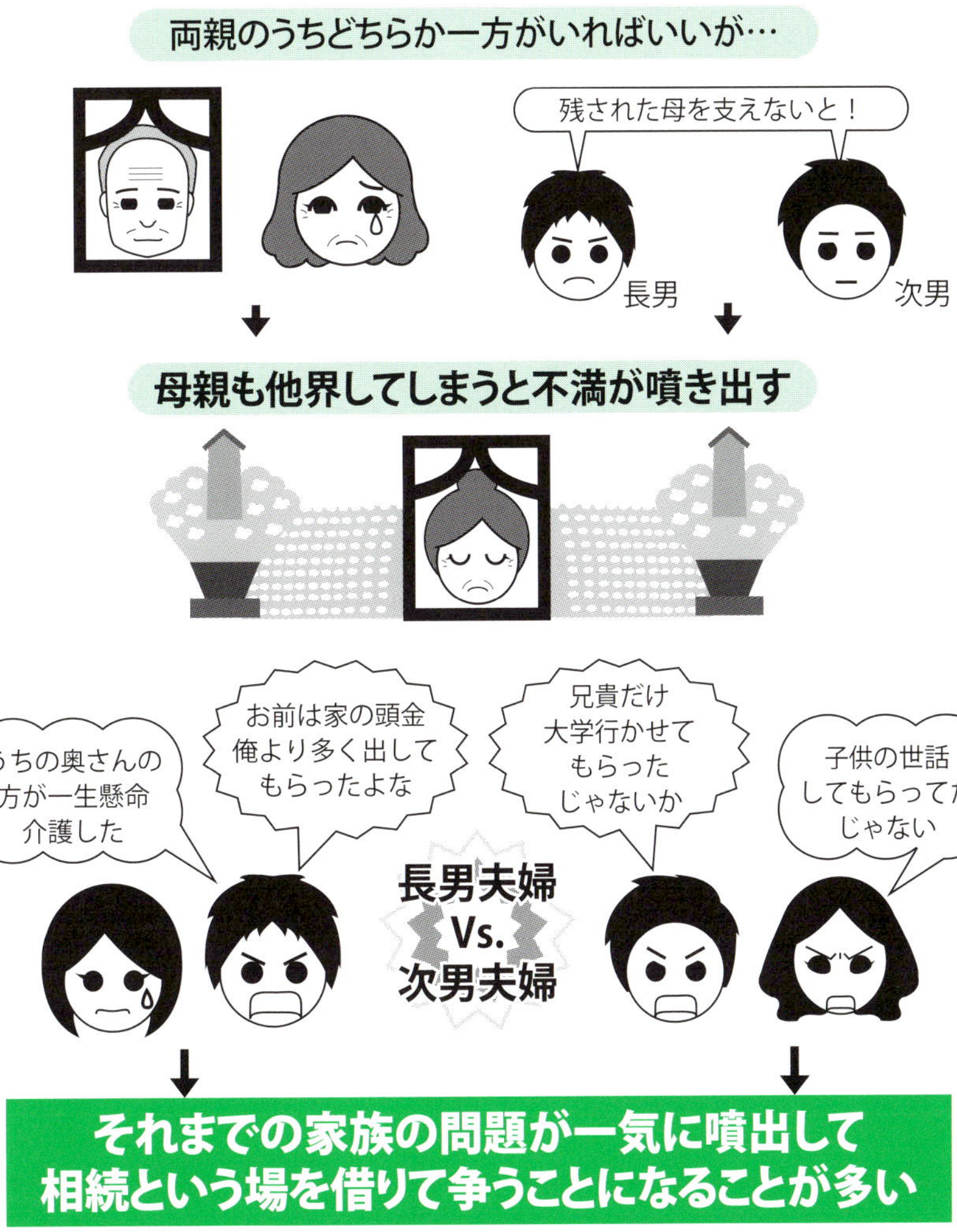
両親のうちどちらか一方がいればいいが…
残された母を支えないと！
長男
次男
母親も他界してしまうと不満が噴き出す
うちの奥さんの方が一生懸命介護した
お前は家の頭金俺より多く出してもらったよな
兄貴だけ大学行かせてもらったじゃないか
子供の世話してもらってたじゃない
長男夫婦 Vs. 次男夫婦
それまでの家族の問題が一気に噴出して相続という場を借りて争うことになることが多い

だってあるのです。

★子供たちを争わせないためにできること

皆さんは、「きっと私の子どもたちに限って、相続のことでもめることはない。兄弟だってとっても仲がいいのだから」と考えることでしょう。

確かに両親のうちどちらか一方でもご存命の場合は、よほどの場合を除いて相続の問題は起こりません。

しかし、両親ともに他界してしまうと、バケツをひっくり返したように相続の問題が発生します。

なにも財産が欲しいばかりでもめるのではありません。どちらかというと、**それまでの家族の問題が一気に噴出して、相続という場を借りて争う**ことが多いような気がします。

相手が兄弟だけに、感情的になると収拾がつかなくなるものなのです。さらに、それぞれの配偶者が加わりますから、ますます事態は深刻になります。

相続に限っては、「うちの子に限って」などと思わず、もめないようにしっかりと準備しておく必要があります。

遺言でできること

★自分の意志を残すための大事な手段

各遺言書のメリットとデメリット

自筆証書遺言

【メリット】
手軽で証人不要
【デメリット】
・法律で決められた形式から外れると無効になる
・遺言書が紛失・発見されない恐れがある

秘密証書遺言

【メリット】
遺言書の内容を秘密にできる
【デメリット】
・公証人の確認が必要なので手間や費用がかかる
・遺言書が紛失・発見されない恐れがある

公正証書遺言

これがオススメ

【メリット】
・「公証人」という法律の専門家が作成するので**内容的に不備がない**
・遺言書の原本を公証役場で保管するため、**偽造や変造の恐れがない**

【デメリット】
・公正証書遺言の作成には2名以上の証人が必要になるので、遺言の存在とその内容を完全に秘密にすることはできない
・公証人への手数料がかかる

私たちにおまかせください
公証人

★おススメは公正証書遺言

遺産を受け取る順位や割合は、一定のルールが定まっています。

しかし、必ずこの通りにしなくてはいけないわけでもありません。**私たちは自分で相続人とその割合を決めることができます。**その方法こそが「遺言」なのです。

方法としては上の図のようなものがありますが、おススメは、さきほど79ページで紹介した**公正証書遺言**です。

公正証書遺言とは、公証役場に出向いて公証人に遺言の趣旨を口頭で伝え、そこから公証人が作成する遺言書のことです。法律の専門家が作成しますので、内容的に不備がありませんし、偽造や変造の恐れがありません。

この方法にはデメリットもいくつかあります。しかし、それ以外の遺言書が、基本的に本人が作成し保管しなければならないことを考えると、遺言書を残す意味から考

★POINT★

★遺言でできることは多い。家族のためにも準備をしておこう。

遺言書でできること

遺言書

- 遺産分割方法の指定
- 相続分の指定
- 遺贈
- 婚姻外で生まれた子の認知
- 推定相続人の廃除、および廃除の取り消し
- 遺言執行者の指定、および指定の委託
- 遺言執行者の職務内容の指定
- 祭祀承継者の指定
- 生命保険金受取人の指定、および変更　　など

遺言書も万能ではない

法定相続人が遺言書に異議がなければ遺言通りになるが…

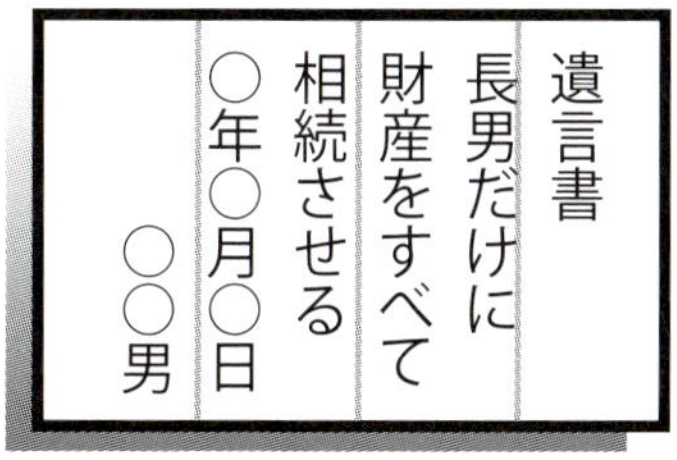
遺言書
長男だけに
財産をすべて
相続させる
○年○月○日
○○男

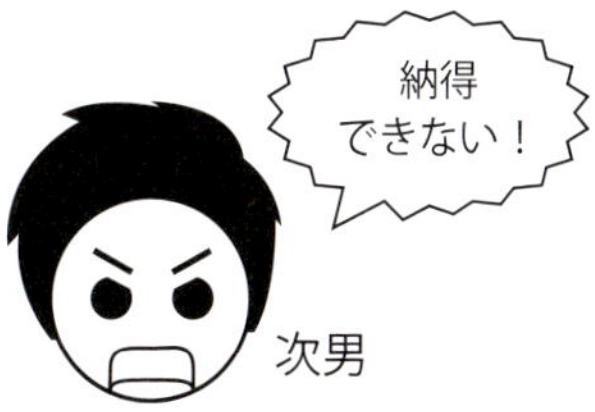
納得できない！
次男

異論があった場合は遺言書通りに相続されるとは限らない

↓

遺留分

相続人が最低限相続できる権利を認めたもの

相続人	遺留分
配偶者と子	配偶者1/4、子1/4
配偶者のみ	配偶者1/2
子のみ	子1/2

弟にも遺産を受け取る権利がある

えれば、自分の意思を漏れなく相手に伝えたいのですから、公正証書遺言が最適だというわけです。

ちなみに、遺言書は何回作り変えてもかまいません。複数の遺言書があれば、日付がもっとも新しいものが原則有効となります。

定年退職後の人生というのは、ある意味**「死を意識して生きていく人生だ」**と聞いたことがあります。

いつ〝その時〟を迎えても焦らないように準備をしておく機会として、遺言書に取り組むのも悪くないでしょう。

★ままならないこともある

ただし、遺言書で指定しても、そのとおりにならないことがあります。

その一つが、**「遺留分」**というものです。遺留分とは、被相続人が相続財産のうちから相続人に対して必ず残しておくべき一定割合の遺産のことです。

言い換えれば、いくら遺言が優先されるとはいえ、必ずしも遺言だけで遺産相続が決められるわけではないのです。

遺言書を作成する場合は、この「遺留分」も考慮して作成することをおススメします。

【著者】

岡崎充輝（おかざき・みつき）

地元商工会で、中小企業の経理指導・経営指導をするかたわら独学でファイナンシャルプランナー資格を取得。税金から社会保険にいたるまで幅広い知識を駆使しながら、個人家計の顧問FPを目指し活動中。年間100名以上の家計相談をこなす一方、年間30回以上のセミナーの講師・地元FM局のパーソナリティーを務めるなど精力的に活動している。

（株）ヘルプライフオカヤ代表取締役のほか、生命保険相談センター、住まいのFP相談室岐阜大垣店を主催。

資格：2級ファイナンシャルプランニング技能士、日本ファイナンシャル・プランナーズ協会認定AFP、住宅ローンアドバイザー

【図解】定年までに知らないとヤバイお金の話

平成29年 1月27日第一刷
平成31年 3月 5日第三刷

著　者　岡崎充輝

発行人　山田有司

発行所　株式会社　彩図社
東京都豊島区南大塚3-24-4
MTビル　〒170-0005
TEL：03-5985-8213　FAX：03-5985-8224

印刷所　シナノ印刷株式会社

URL：http://www.saiz.co.jp
https://twitter.com/saiz_sha

ISBN978-4-8013-0197-9 C0033

一部イラスト：Freepikより

※本書は、『定年までに知らないとヤバイお金の話』をもとに図式化したものです。